JN411106

# 심화섭,
# 사람과
# 길

노사모에서 시작된 시민정치의 여정,
그 진솔한 **심화섭의 기록**

# 심화섭, 사람과 길

심화섭 지음

비타베아타

# 사람이 길이 되었던 시간들

나는 처음부터 정치를 하겠다고 마음먹은 사람이 아니었다.

다만, 불공평한 장면 앞에서 고개를 돌리지 못했고, 부당한 말을 들으면 침묵하는 법을 배우지 못했을 뿐이다. 그 성격은 나를 언제나 사람들 곁으로 데려갔고, 결국 정치라는 이름의 공간으로 이끌었다.

이 책은 어떤 정치인의 성공담도, 권력의 중심에서 쓴 회고록도 아니다.

이 책에 등장하는 나는 언제나 현장의 주변부에 있었고, 때로는 이름 없이, 때로는 아이디로 불리던 한 시민이었다. 그럼에도 불구하고 나는 확신한다. 한국 민주주의의 중요한 순간들에는 늘 그런 사람들이 있었다는 것을. 무대 위가 아니라 객석에서, 연단이 아니라 골목과 광장에서 역사를 밀어 올린 사람들 말이다.

노무현이라는 이름을 처음 가슴에 새겼을 때, 우리는 거창한 정치 이론을 알지 못했다. 다만 "사람 사는 세상"이라는 말이 너무도 정확하게 우리의 삶을 설명하고 있다는 사실을 직감적으로 이해했을 뿐이다. 노사모라는 이름으로 모였던 우리는 조직이기 이전에 감정이었고, 이념이기 이전에 연대였다. 그 시절의 열정은 순진했고, 때로는 미숙했지만 분명 진심이었다.

이후의 시간은 결코 평탄하지 않았다.

정치는 늘 기대보다 느렸고 실망은 언제나 앞서 찾아왔다. 함께했던 사람들은 각자의 길로 흩어졌고, 어떤 이는 권력의 안쪽으로, 어떤 이는 다시 일상의 자리로 돌아갔다. 나 역시 수없이 정치의 곁을 떠났다가, 또다시 돌아오기를 반복했다. 그러나 한 번도 변하지 않은 것이 있다면, 정치는 결국 사람의 문제라는 믿음이었다.

이 책에 등장하는 이름들은 모두 내가 만났던 얼굴들이다. 유명한 정치인도 있고, 기록되지 않은 활동가도 있다. 앞에 서는 리더도 있었고, 뒤에서 등을 받쳐준 동지도 있었다. 나는 이들을 영웅으로 그리지 않는다. 다만 같은 시대를 통과하며 각자의 방식으로 책임을 감당했던 사람들로 기억하고자 한다.

이 기록은 누군가를 평가하기 위한 책이 아니다.

옳고 그름을 단정하거나, 역사의 결론을 대신 내려주지도 않는다. 대신 묻고 싶었다. 우리는 어떻게 여기까지 왔는가. 시민은 언제 정치의 구경꾼이 되었고, 언제 다시 주인이 되었는가. 그리고 지금, 우리는 어디로 가고 있는가.

의정부라는 공간은 이 질문을 다시 붙잡게 한 자리다.

지역은 언제나 정치의 말단으로 취급되지만, 나는 오히려 지역에서 정치의 본질을 보았다. 얼굴을 아는 사람들, 책임을 피할 수 없는 관계, 결과가 곧 삶으로 돌아오는 공간. 그래서 나는 이곳에서 다시 인연의 씨앗을 뿌리려 한다. 과거의 이름들이 나를 여기까지 데려왔다면, 이제는 새로운 이름들이 다음 길을 만들 차례다.

이 책은 끝이 아니다.

하나의 시도이며, 중간 보고서에 가깝다.

사람이 길이 되었던 시간들을 기록함으로써, 다시 사람이 길이 될 수 있기를 바라는 마음이다.

이 이야기가 누군가에게는 지나간 기억이 아니라, 앞으로의 선택을 고민하게 만드는 질문으로 남기를 바란다.

정치는 여전히 사람에게서 시작된다고, 나는 지금도 믿고 있다.

# 차례

## 2장 FRIENDS
## 배움과 투쟁의 친구와 스승

## 3장 FELLOW
## 시대의 부름에 응답하다

### 신한대학교 : 평생의 직장을 얻다



### 노사모 : 정치에 참여하다

## 4장 | FAN
## 의정부, 새로운 인연의 씨앗을 뿌리다

1장

# Family

## 나를 세운 가족의 울림

내 삶의 처음이자 가장 깊은 곳에는 가족이라는 인연이 자리하고 있다. 선택할 수 없었기에 더 무겁고, 피할 수 없었기에 끝내 나를 단련시킨 관계였다. 때로는 혹독한 시련의 얼굴로, 때로는 말없이 등을 내어주는 위로로, 가족은 나를 삶의 자리로 이끌었다.

가족을 통해 나는 책임을 배웠다. 누군가를 대신해 견뎌야 하는 순간들, 설명되지 않는 희생과 침묵 속에서 삶이 결코 개인의 것이 아님을 알게 되었다. 동시에 가족은 나에게 기준이 되었다. 무엇을 지켜야 하는지, 어디까지 물러설 수 있는지, 그리고 끝내 포기하지 말아야 할 것이 무엇인지를 몸으로 가르쳐주었다.

이 장에 등장하는 가족의 얼굴들은 완전하지 않다. 그러나 그 불완전함 속에서 나는 삶을 대하는 태도를 배웠고, 사람을 대하는 온도를 익혔다. 오늘의 나를 세운 가장 오래된 울림은 그렇게, 가족이라는 이름으로 지금도 조용히 이어지고 있다.

# 아버지
# 심상래

## 올곧았던 삶
## 그리고 삶의 무게

어린 시절, 내가 품었던 가장 간절한 바람은 단 하나였다.

"빨리 어른이 되고 싶다."

아버지의 성함은 심상래(沈相來).

내 기억 속 아버지는 나이 든 노인의 모습이었다. 아버지는 1910년, 대한제국이 일본 제국에 의해 강제로 병합되던 해에 충청북도 충주에서 태어나셨다. 젊은 시절 주로 청주에서 활동하셨다고 들었지만, 정작 아버지의 청년 시절에 대해 나는 아는 것이 거의 없다.

지금은 모두 사라져버린 사진들 가운데, 유일하게 남아 있는 기억이 하나 있다. 온갖 우승기와 트로피가 놓인 방 한가운데 있는 의자에 앉아 당당한 포즈로 카메라를 바라보던 아버지의 모습이다. 운동을 좋아하셨고, 특히 축구를 즐기셨다고 한다. 여러 사업을 하셨고, 한때는 큰돈을 벌기도 했다는 이야기도 들었다. 그러나 내가 기억하는 아버지는 이미 사업에 실패한 뒤였다.

고된 삶에 치이며 가족들이 정착한 곳은 인천 부평의 산동네였다. 당시 주소로는 경기도 인천시 부평구 부평 2동, 지금의 인천성모병원 옆 산동네 마을이다. 그곳에서 나는 1965년, 2남 2녀 중 막내로 태어났다. 아버지 나이 쉰다섯이었다.

늦둥이였던 나는, 다른 형제들에 비해 아버지의 엄격함을 덜 받았다. 형과 누나들에게는 유난히 엄하셨지만, 막내아들인 나에게는 오히려 애틋함이 더 컸다. 우리가 살던 집은 여섯 가구가 함께 사는 집이었고, 화장실은 공동이었다. 마당 한가운데에는 우물이 있었다. 도시 빈민의 삶이 그렇듯, 사람들은 옹기종기 모여 살며 하루하루를 버텼다.

그 척박한 삶 속에서도 아버지는 흐트러짐이 없었다. 타고난 선비 기질이라고 해야 할까. 이미 예순을 넘긴 나이였지만, 세상을 바라보는 시선은 누구보다 날카로웠다. 박정희 유신정권 시절, 사석에서 정권을 비판하는 것조차 위험하던 때였지만, 아버지는 독재와 장기 집권을 비판하셨다. 그리고 대한민국의 미래를 위해서는 김대중이라는 젊은 정치인이 대통령이 되어야 한다는 말을, 어린 내가 기억할 정도로 분명하게 하셨다.

그러나 가장으로서의 현실은 냉혹했다. 예순 중반의 아버지는 이미 사회생활을 이어가기 어려운 나이였다. 생계의 무게는 고스란히 어머니의 몫이었다. 어머니는 행상을 다니거나, 근처 경찰학교 세탁소에서 일을 하며 하루하루 끼니를 이어가셨다.

부평에는 캠프 마켓(Camp Market)이라는 미군기지가 있었다. 일제강점기에는 일본군 조병창이 있던 곳이었고, 해방 이후에는 미8군 군수지원기지로 사용되던 자리였다. 훗날 내가 결혼과 함께 이사한 의정부 역시 미군기지가 많은 도시였다. 돌이켜보면, 나는 삶의 대부분을 미군기지와 맞닿은 공간에서 살아온 셈이다.

미군기지가 있는 도시 빈민가에는 그곳만의 풍경이 있다. 어릴 적, 과자를 많이 준다는 이유로 친구를 따라갔던 교회가 있었다. 어느 날, 교회의 어린이들을 미군부대에서 초대해 미군기지를 처음으로 들어가보았다. 파란 잔디밭 위, 월풀 욕조처럼 생긴 큰 바구니 안에 가득 담긴 초코 쿠키와 오렌지 주스를 처음 맛보던 날을 아직도 기억한다. 남은 과자를 주머니마다 가득 채워 돌아오던 어린아이의 기쁨은 오래 남아 있다.

모든 것이 풍요로운 미국을 한때 동경했던 계기였다.

산동네의 일상은 늘 팍팍했다. 날품을 팔거나, 넝마를 둘러메고

폐지와 고물을 줍는 사람들이 많았다. 쌀집과 구멍가게의 외상장부는 매일같이 채워졌다. 특히 기억에 남는 풍경이 하나 있다. 매일 오후 다섯 시쯤이면, 커다란 드럼통을 실은 리어카가 동네로 들어왔다. '꿀꿀이죽'이었다. 미군부대 식당에서 나온 잔반 등을 끓여 만든 돼지 사료였다. 그러나 먹을 것이 없는 날이면, 그것은 도시 빈민의 끼니가 되었다.

어린 나는 그 음식을 참 맛있게 먹었다. 달착지근한 맛, 고기 덩어리가 들어 있는 카레처럼 보이던 그 음식이 어디서 왔는지 알지 못한 채, 성찬처럼 받아들였다. 그 음식을 가족의 식탁에 올려야 했던 부모님의 마음을 떠올리면, 지금도 마음이 아프다.

중학교 시절, 집안의 사실상 가장은 작은누님이었다. 결혼 후에도 친정의 생활비와 두 동생 학비를 지원하셨다. 1978년, 첫 조카가 태어나면서 상황은 더 어려워졌다. 맞벌이를 하던 누님은 결국 어머니에게 도움을 청했고, 어머니는 주중에는 서울의 누님댁에서 조카를 돌보고, 주말마다 인천 집으로 돌아오는 생활을 시작하셨다.

그렇게 우리 집에는 어머니가 부재하게 되었고, 몸이 불편한 일흔 살의 아버지, 방황하던 형 그리고 중학생이던 나, 남자 셋이 남았다. 고등학교를 졸업하고 공군사관학교에 지원했다가 낙방한 형의 방황은 점점 깊어졌다. 꼬장꼬장했던 아버지는 형을 나무랐고,

혈기왕성한 형은 폭력으로 맞섰다. 그 폭력을 막던 나는 몇 차례 기절한 적도 있었다. 악몽 같은 나날이었다.

그 시절, 내 바람은 오직 하나였다.

'빨리 어른이 되고 싶다.'

1979년, 중학교 3학년이던 해였다. 길 건너 큰누님 댁에서 저녁을 드시고 돌아오시던 아버지는 교통사고를 당해 세상을 떠나셨다. 예기치 않은 어머니의 부재, 중학생 막내아들에 대한 책임감 그리고 신체적 불편함. 아버지의 말년은 결코 편안하지 못했다. 그것이 내가 가진 아버지에 대한 기억의 전부다.

세월이 흘러, 대학 시절 도시 빈민의 삶을 탐구하면서 비로소 아버지의 삶을 조금은 이해하게 되었다. 가장으로서 실패한 개인이 아니라, 당시 대한민국의 구조적 모순 속에서 옥죄였던 한 인간의 삶이었다는 사실을.

# 어머니
# 신연식

## 이 세상의 모든 어머니의 모습 :
## 희생과 헌신

어머니의 성함은 신연식. 어머니는 1920년, 충청북도 음성군에서 태어나셨다. 마흔다섯에 막내아들인 나를 낳으셨다. 어머니의 삶은 오롯이 가족의 끼니를 책임지는 일로 채워졌다.

어머니의 주업은 날품과 행상이었다.

봄, 가을에는 직접 손으로 송편을 빚어 노점에 나가 떡을 파셨다. 송편을 다 팔고 돌아오면 저녁 무렵 다시 쑥을 캐고, 쌀가루에 버무려 다음 날 팔 송편을 준비하셨다. 푹 찐 송편에 참기름을 발라 완성한 떡을 거의 매일 머리에 이고 다니셨다. 노년에 어머니

어머니 신연식

가 무릎관절 통증으로 고생하신 이유였다.

어머니가 늦게 들어오시는 날이면, 나는 동네를 돌며 쑥을 캐곤 했다. 미리 캐다 드리면 어머니는 10원짜리 동전 하나를 손에 쥐여 주셨다. 그 돈으로 뽀빠이나 사탕을 사 먹던 기억이 있다. 나에게는 그 시간이 작은 행복이었다.

여름에는 떡장사가 쉽지 않아 복숭아가 유명했던 지금의 부천 소사로 가셨다. 지금도 그곳을 '복사골'이라 부르는 이유다. 복숭아 한 광주리를 사서 행상에 나섰다.

하지만 어머니의 행상만으로 다섯 식구의 끼니를 해결하기에는 늘 부족했다. 때로는 집 근처 경찰학교 세탁소에서 일하셨다. 한겨

울에도 고무장갑 없이 찬물에 경찰교육생들의 침대 시트와 제복을 빨았다.

어머니의 손은 늘 거북등처럼 갈라져 있었다. 변변한 로션조차 없던 시절이라, 한겨울 밖에서 놀다 온 내 손이나 어머니 손이나 큰 차이가 없었다. 일을 너무 많이 하신 탓에, 주민등록증을 갱신해야 할 때 지문이 모두 닳아 갱신을 못 한 적도 있었다.

누님이 안정적인 직장을 얻으면서 삶은 조금 나아졌다. 그럼에도 어머니는 평생 행상을 멈추지 않으셨다.

어머니의 그런 희생 덕분에 형과 나는 학교를 다닐 수 있었다. 당시 중학생은 등록금을, 초등학생은 육성회비를 냈다. 육성회비, 월 300원. 우리 가족에게는 한 두 끼니를 해결할 수 있는 큰돈이었다. 육성회비는 의무인지 권장 사항인지 지금도 잘 모르겠다. 다만, 육성회비를 내지 못해 교실 앞에 서 있던 기억이 있다. 한번은 담임 선생님이 일 년치 육성회비를 대신 내주신 적도 있었다.

가정 형편상 어머니는 내가 중학교 2학년이 되던 해, 작은누님 댁으로 가셔야 했다. 작은누님은 결혼 후에도 친정의 생활비와 두 동생 학비를 책임지고 계셨다. 1978년 첫 조카가 태어나면서 상황은 더 어려워졌다. 당시에는 어린이집이 없어 아기를 전적으로 집에서 돌봐야 했다. 맞벌이를 하던 누님은 결국 어머니에게 도움을 청했고, 어머니는 주중에는 서울의 누님 댁에서 조카를 돌보고 주말에 인천 집으로 돌아오는 생활을 시작하셨다.

중학교를 어머니와 떨어져 지내다, 고등학교 2학년 나는 서울 서초구 잠원동 고속버스터미널 근처 작은누님 댁에서 어머니와 함께 기거하게 되었다. 당시 나는 동인천역 근처 인천 대건고등학교에 다니고 있었다. 학교까지 거의 2시간 30분이나 소요되는 통학이라 쉽지 않았지만, 그래도 어머니와 함께 지내던 1981년은 지금 돌아보면 가장 행복하고 평안했던 시기였다.

1982년, 현대종합상사에 근무하시던 매형이 해외주재원으로 발령받아 작은누님 가족은 영국으로 가게 되었다. 어머니와 나는 인천 부평에 월세방을 얻어 함께 지냈다. 그곳에서 고3 시절을 열심히 공부하며 행복하게 보냈다. 서강대학교 전자공학과에 입학한 후 한동안 인천 부평에서 서울 신촌까지 통학을 했다. 하지만 그 무렵 군 복무를 마친 형과의 갈등으로 1학년 가을학기 무렵에 집을 나왔다.

대학생활 내내 거처가 불안정했다. 친구 황정호의 자취방, 성인택선배의 자취방 등을 전전하며 대학생활을 했다. 때론 학부 조교실에서 숙식을 해결하기도 했다. 당시는 아르바이트를 구하기가 쉽지 않았다. 가장 인기 있는 아르바이트가 중고생 과외였지만 법적으로는 불법이었다.

1986년, 4학년이 되어 과외 아르바이트를 얻게 되어 조금은 경제적 여유가 생겨 자취방을 구하고, 인천에 계시던 어머니를 모시고 함께 살기 시작했다. 그렇게 3년을 함께 지냈다. 그때 인사드렸던 대학친구나 후배들에게 어머니에 대한 기억들이 남아 있다.

늦은 나이에 군 복무를 하게 되었고, 방위 생활을 하던 중 어머니에게 치매 증상이 나타났다. 어쩔 수 없이 형님 댁, 이어서 큰누님 댁으로 거처를 옮기셨다. 나는 군 복무를 마친 뒤 전자부품연구원 창립 멤버로 참여하며 바쁜 시간을 보내고 있었다. 신흥대학(지금의 신한대학교)으로 발령이 나던 무렵, 어머니는 큰누님 댁에서 세상을 떠나셨다. 치매와 당뇨로 거의 움직이지 못하던 어머니는, 누님 가족들이 모두 외출한 사이 조용히 혼자 생을 마감하셨다.

어머니의 삶은 기구하고 한(恨) 많은 삶이었다. 평생 노동과 날품을 팔며 가족의 생계를 책임져야 했던 삶이었다. 단 한 번의 불평도 없이, 사랑하는 사람들을 위해 끝없이 자신을 내어주셨다. 가족이라는 이유만으로 감당할 수 있는 삶이었을까.

나는 아직도 어머니의 삶 앞에서 헤아릴 수 없는 아픔을 안고 산다.

# 작은누님
# 심정섭

## 나의 어머니이자
## 아버지의 역할

학업을 포기해야 할지도 모른다는 생각을 했던 시기가 있다.

그때, 아무 말 없이 나의 삶을 떠받쳐준 사람이 있었다. 작은누님이었다.

우리 가족의 삶은 대부분의 도시 빈민이 그러하듯 참 팍팍했다. 다행히 작은누님이 안정적인 직업을 갖게 되면서 집안의 삶은 조금씩 나아졌다. 누님이 근무하게 된 곳은 서강대학교 산업문제연구소였다. 독일의 후원으로 설립된 이 연구소는, 한국이 고도성장을 겪던 시기에 산업화 과정에서 발생하는 구조적 문제, 즉 노동, 빈

작은누나 심정섭

곤, 도시 빈민을 학문적으로 분석하기 위해 만들어진 곳이었다.

행정직원으로 근무하시던 누님의 급여는 서강대학교가 아닌 독일 정부의 지원으로 지급되었다. 원칙적으로는 마르크화였고, 이를 원화로 환산해 받았다고 한다. 환율의 영향으로 당시로서는 적지 않은 보수였다고 들었다. 그러나 그 돈이 누님 개인의 삶을 풍요롭게 만든 적은 거의 없었다.

누님의 수입은 자연스럽게 친정의 생계와 동생들의 학비로 흘러갔다. 등록금, 생활비 그리고 집안의 크고 작은 지출까지. 누님은 한 번도 그것을 부담으로 말한 적이 없었다. 마치 그 역할이 자신의 몫인 것처럼, 너무도 당연하게 감당했다.

그 시절 많은 누이들이 동생들을 위해 희생했듯이, 작은누님도 그런 시대의 희생과 헌신을 치렀다. 그러하기에 작은누님은 단순한 가족이 아니었다. 좌절의 순간마다 학업을 포기하지 않도록 붙잡아준 정신적·물질적 버팀목이었다. 누님의 도움은 늘 조용했고, 조건이 없었다. 그래서 더 무거웠고, 더 오래 마음에 남았다.

그 시절부터 지금까지 동생 앞에서 그때의 도움을 말씀하신 적이 단 한 번도 없다.

내가 무수한 실패와 방황에도 좌절하지 않고 극복하려 노력했던 기저에는, 누님의 헌신을 항상 기억했기 때문이다. 그런 누님께 나는 표현을 잘 못한다. 다행히 내 삶을 잘 알고 있는 아내 이영화가 누님께 최선을 다하는 모습이 감사하다.

작은누님은 내 삶의 또 다른 중요한 문을 열어주었다. 누님은 서강대학교에 근무하시며 천주교 세례를 받았다. 그 영향은 자연스럽게 내게로 이어졌다. 이어서 어머니도 세례를 받게 되었다. 심지어 종교에 부정적이셨던 아버지(요셉)도, 비록 본인의 의사는 아니었지만 임종을 앞두고 종부성사를 받으셨다. 가족 안에서 신앙은 그렇게 조용히 스며들었다.

나의 삶은 천주교와 떨어질 수가 없다. 이 책에 많은 신부님들이 소개되는 이유다.

나는 천주교 인천교구가 운영하는 인천 대건고등학교를 다니게 되었고, 운명적으로 예수회가 운영하는 서강대학교를 다니면서 천주교 신앙인으로 신앙의 깊이를 더해갈 수 있었다. 운명적으로 아내 이영화도 모태신앙으로 천주교 신자였다. 그렇게 우리 가정은 성가정으로 뿌리를 내리게 되었다.

# 처남
# 이철호

## 내 삶에 긴장의 끈을 놓지 않게 한
## 동지이자 스승

서강대학교 대학원 전자공학과 석사를 마친 뒤, 나는 현대전자 반도체연구소(지금의 SK하이닉스)에 입사했다. 병역특례로 군 복무를 대신할 수 있을 거라 생각했지만, 여러 이유로 대상에서 제외되었다. 학부 시절 성적이 좋지 않아 8학기가 아닌 9학기 만에 졸업했다는 점이 직접적인 이유라고 했다. 납득하기 어려웠지만, 회사에 문제를 제기할 수 있는 처지는 아니었다. 결국 나는 군 복무를 위해 휴직을 해야 했다.

입대 전까지 약 6개월의 공백이 생겼다.

처남 이철호

그 시간을 어떻게 보낼까 고민하다가, 신촌역 근처 전통문화 강습을 하던 '우리마당'이라는 공간을 찾게 되었다. 평소 장구를 배우고 싶었기에, 망설임 없이 장구 기초반에 등록했다.

그곳에서 장구를 가르치던 선생님(당시 사부로 부름)으로 만난 사람이 이철호 사부님이었다. 지금의 처남이자, 이후 내 삶에 긴장의 끈을 놓지 않게 한 사람이다.

당시 그는 연세대학교 국어국문학과 4학년생이었다.

이철호의 부모님(장인·장모)은 성실한 농부로 자수성가하신 분들이었다. 평생을 성실히 일하시며 작은 배 과수원을 일구셨다. 어머니는 6남매 중 막내를 제외하고 5남매를 서울로 유학을 보내실 정도로 교육에 대해 진심이셨다. 서울 삼양동에 거처를 마련하고 5남매가 유학 생활을 했다. 첫째 형님은 졸업 후 고향의 금산중학교 교사가 되었다. 누님은 동생들 뒷바라지를 하시다가 결혼과 함께 대전으로 내려가셨다.

그는 당시 건국대학교 건축학과 80학번으로 입학했다. 1980년 5월 17일 비상계엄 확대와 5·18 광주민주화항쟁이 벌어지고 전국의 모든 대학이 폐쇄되었던 바로 그해에, 그는 학생운동에 뛰어들었다.

학생운동에 깊이 관여하던 그는 경찰의 수배를 받다 체포되었고, 결국 강제징집을 당해 강제로 군에 입대하게 되었다. 결국 남은 두 동생은 친척집으로 가게 되었다고 한다. 결국 그의 여동생이자 훗날 내 아내가 되는 이영화 역시 고등학교 1학년을 마치기 전에 고향 김제로 내려가 전주에서 학창 시절을 보내게 되었다.

그는 호남우도 전수자로부터 장구를 전문적으로 배웠다. 그 시기는 정확히 알지 못한다. 처음 그에게 장구를 처음 배웠을 때 들었을 법한데 기억에 없다. 그는 1987년 연세대학교 국어국문학과에 다시 입학했다. 그렇게 해서 그가 대학 4학년 시절, 장구 사부로 나와 다시 만나게 되었다.

장구를 배우던 몇 달은 오롯이 나만을 위한 시간이었다.

거의 모든 하루를 '우리마당'에서 보냈다. 장구를 치고, 술을 마시고, 가끔은 판소리 수업도 들었다. 지금도 내가 읊조리는 몇 소절의 판소리와 민요는 그때 배운 것이다. 이철호 사부와 나는 밤새 술을 많이 마시면서 이야기꽃을 피웠다. 그는 내가 하는 그 어떤 이야기도 받아주었던, 가장 편안했던 술동무였다.

그 시절 함께 장구를 배우던 동기 중에 독특한 분이 계셨다. 이화여대 정문 근에서 '계룡산도령'이라는 간판을 걸고 점집을 하던 김한국 형님이다. 바닥까지 내려오는 긴 머리를 늘 단정히 묶고 다녔다. 어느 날 밤새 술을 마시고 새벽에 목욕탕에 갔을 때 김한국 형님이 머리를 말리고 있었다. 우리가 목욕을 다 마치고 나올 때까지 그는 여전히 머리를 말리고 있는 모습을 보고 한참을 웃었던 기억이 있다. 내가 만났던 처음이자 마지막 역술인이었다.

이철호 사부는 대학 졸업 후 서초구 서문여고 국어교사가 되었다. 나는 방위병으로 군 복무를 하고 있었다. 방위병의 가장 행복한 점은 출퇴근을 하고 주말에는 자유인이 된다는 점이다. 비록 자취를 하며 방위병 생활을 하다 보니 웃지 못할 부끄러운 사고가 많았지만 그래도 퇴근의 즐거움이 있는 군 생활이었다. 평일 퇴근 후에는 아르바이트를 해야 했다. 하지만 주말이면 멀리 봉천동까지 달려가 장구를 치고 술을 마셨다. 그 시기 역시 내 인생에서 손에 꼽을 만큼 즐거운 시간이었다.

그는 전교조 소속 교사였고, 훗날 전교조 참교육연구소 소장을 맡아 한국 교육의 구조적 문제를 해결하기 위해 천착했다. 나 역시 한때 학생운동을 하며 상당히 진보적 시각을 가졌다고 생각했다. 그는 나보다 훨씬 더 치열한 사람이었다.

우리는 가족이 되었다.

이철호의 여동생 이영화가 내 아내가 되었다. 그 이후로 30년이 넘는 시간 동안 우리는 자주 만났고, 여전히 술을 마신다. 우리는 속된 말로 죽이 잘 맞았다. 가끔은 견해 차이로 격렬하게 충돌하기도 했다. 내 기억에 참여정부 시절 한미 FTA를 두고는 크게 다툰 뒤 몇 달간 연락을 끊은 적도 있다.

그는 2000년대 한국 교육을 위해 헌신한 교육자다. 그는 여행가이기도 하다. 아마도 방학이 있는 선생님들만이 가질 수 있는 기회일 것이다. 그의 가족과 우리 가족은 유홍준의 《나의 문화유산답사기》를 손에 들고 전국의 폐사지와 문화재 탐방을 했다. 그 이후 그는 전 세계를 여행했다. 어느 지역을 방문하는 것이 그의 목적은 아니다. 그는 여행지의 종교, 문화 그리고 현지인들의 삶에 동화되는 여행을 추구하는 사람이다. 그와 내가 6명의 조카들을 인솔해 베트남-라오스-캄보디아-태국 등 힌두교의 역사와 문화를 체험했던 동남아 여행은 내 평생에 잊지 못할 여행이었다.

지금도 함께 술을 마실 때가 가장 즐겁고 편하다. 하지만 내가 안주하는 모습을 보이거나, 정도를 벗어나려 할 때면 그는 가차 없이 지적했다. 때론 심한 논쟁으로 감정이 상처받을 때도 있지만, 우리는 또 즐겁게 만난다. 가족이고 동지였기에 가능한 일이다.

이철호는 내 삶이 긴장의 끈을 놓지 않게 한 사람이다.

우리는 여전히 술을 마신다.

# 아내
# 이영화

## 동지처럼 만나
## 평생의 가족이 된 사람

현대전자(현 SK하이닉스) 반도체연구소를 휴직한 뒤, 나는 약 6개월간의 공백기를 보내고 있었다. 직장도, 일상도 잠시 멈춘 시간이었다. 그 무렵 신촌에 있던 '우리마당'에서 장구를 배우기 시작했다. 특별한 목적이 있었던 것은 아니다. 다만 무엇인가 몸으로, 리듬으로 숨을 고르고 싶었다.

그곳에서 만난 사람이 있다. 나에게 장구를 강습하던 이철호. 그녀의 둘째 오빠였다. 그와의 인연을 통해 아내 이영화를 만나게 되었다.

딸을 업고 있는 아내 이영화

첫인상은 말수가 적고 감정을 쉽게 드러내지 않는 모습이었다. 시간이 지나며 조금씩 알게 되었다. 그녀의 차분함은 거리두기가 아니라 신중함이었고, 냉정해 보였던 태도는 오히려 삶을 대하는 단단한 태도라는 것을. 말이 적은 대신, 결정적인 순간에 흔들리지 않는 사람이었다. 허당 끼가 많은 나와는 궁합이 맞는 사람이었다.

이영화는 정말 따뜻한 사람이다. 가족, 형제들 그리고 주변 지인들이 그녀를 좋아할 이유가 충분히 있는 사람이다. 물론 그녀는 매사에 일처리나 판단이 분명한 것을 좋아한다. 꼼꼼함과 허술함의 양면을 가진 내가 아내의 바람을 모두 채우지 못하는 이유이기도 하다. 6남매 중 5째인 아내는 형제들 중에서 발언권이 센 편이다. 형제들도 그녀의 헌신적이지만 분명한 성격을 알기 때문이다.

연애를 시작하던 시기 나는 안정적이라고 말하기 어려운 상황이었다. 미래는 불투명했고, 현실은 늘 빠듯했다. 그럼에도 그녀는 조급해하지 않았다. 나를 다그치지도, 앞서 나가지도 않았다. 다만 묵묵히 옆에 있었다. 끈기라고 해야 할지, 신뢰라고 해야 할지, 어느 쪽이든 쉽지 않은 선택이었을 것이다.

우리는 동지처럼 가까워졌다. 삶을 바라보는 태도, 세상을 해석하는 방식 그리고 각자의 부족함을 인정하는 태도에서 묘하게 합이 맞았다. 그렇게 연인이 되었고, 1994년 결혼을 했다.

결혼은 또 하나의 세계를 여는 일이었다. 아내는 굉장히 지혜로운 사람이었다. 판단은 늘 냉정했지만, 그 안에는 사람을 향한 따뜻함이 있었다. 내가 놓치는 부분을 정확히 짚어주었고, 내가 감정에 휘둘릴 때는 중심을 잡아주었다. 말없이 채워주는 사람이었다.

아내는 내게 또 하나의 가정을 만들어준 사람이다. 혈연으로 맺어진 가족과는 또 다른 방식의 책임과 신뢰를 가르쳐준 존재였다. 무엇보다, 내가 쉽게 흔들리지 않도록 삶의 균형을 잡아준 사람이었다.

아마도 내가 세상에 참여할 수 있는 힘은 그녀에게서 나온 것이다. 그녀는 노사모를 할 때도, '생활정치네트워크 국민의 힘' 활동을 할 때도 언제나 함께 참여했고 응원을 보내주었다.

그녀는 안정된 가정을 항상 희망하는 사람이었다. 가정이 흔들리지 않는 범위라면 내가 그 어떤 일을 하든 힘이 되어주었다.

30년을 살며 얼마나 많은 서사가 있었겠는가?

하지만 그것은 우리 둘만의 이야기로 남기고 싶다. 아니, 미안한 일이 많았기에 책에 담기에는 내가 부끄럽기 때문이기도 하다.

돌아보면, 나는 늘 사람을 통해 다음 단계로 나아갔다. 아내 역시 그런 존재였다. 우연처럼 시작된 인연이었지만, 지금의 내가 버틸 수 있는 언덕이다.

그녀는 나의 동지다.

2장

# Friends

## 배움과 투쟁의 친구와 스승

교실과 거리에서 만난 스승들과 동지들은 나를 시대의 한가운데로 이끌었다. 나는 친구와 스승을 통해 지적 호기심을 키웠고, 불의에 맞서는 법을 배웠다. 교실에서 만난 스승들은 질문하는 법을 가르쳐주었고, 거리에서 만난 동지들은 침묵하지 않는 태도를 몸으로 보여주었다. 그들과의 만남은 나를 보호된 세계 밖으로 이끌었고, 시대의 질문 한가운데에 나를 세워두었다. 그들은 나를 성숙한 인간이자 사회를 고민하는 지성인으로 빚어냈다.

함께 읽고, 토론하고, 때로는 충돌하며 보낸 시간들은 나를 성숙하게 만들었다. 무엇이 옳은지 단정하기보다 왜 그런 선택을 하는지 스스로 설명할 수 있게 되었고, 개인의 안위보다 공동의 책임을 먼저 생각하는 시선을 갖게 되었다. 친구는 동지가 되었고, 스승은 삶의 기준이 되었다.

이 장에 등장하는 이름들은 모두 나를 단련시킨 존재들이다. 그들과의 배움과 투쟁의 시간은 나를 사회를 고민하는 한 사람의 지성으로 빚어냈고, 지금의 나를 가능하게 한 중요한 토대가 되었다. 이 인연들은 지나간 시간이 아니라, 여전히 나의 선택과 태도 속에서 살아 움직이고 있다.

# 백윤수
# 고등학교 물리 선생님

## 지적 여정의
## 첫 불꽃

중학생 시절, 나는 어머니의 부재 속에서 아버지와 형, 이렇게 남자 셋이 함께 생활하던 시간을 보냈다. 아버지는 뇌졸중으로 거동이 불편하셨고, 형은 입시 낙방 이후 질풍노도의 시간을 지나고 있었다. 그 방황은 끝을 알 수 없었고, 훗날 돌아가시기 몇 년 전에야 비로소 형님은 마음의 평온을 얻은 듯 보였다.

중학생이던 나에게 그 시절은 견디기 힘든 시간이었다. 그때의 바람은 단 하나, '빨리 어른이 되고 싶다'라는 것뿐이었다.

고등학생 시절 역시 녹록하지 않았다. 마땅한 거처가 없었던 나

백윤수 선생님, 친구와 함께(오른쪽이 심화섭)

는 큰누님 댁에 기거하며 고등학교 1학년을 다녔다. 큰누님의 보살핌은 따뜻했지만, 어찌 어머니의 손길과 같을 수 있었을까. 결국 1년 만에 큰누님 댁을 나와, 어머니가 계시던 작은누님 댁으로 옮기게 되었다.

작은누님 댁은 서울 서초구 잠원동, 강남고속버스터미널 인근이었다. 내가 다니던 학교는 인천 동인천역 근처의 인천 대건고등학교였다. 편도 통학 시간만 두 시간 반. 하루 왕복 다섯 시간을 길 위에서 보내야 했다.

전학을 고민하지 않은 것은 아니었다. 그러나 현대종합상사에 근무하던 매형이 이듬해 영국 주재원으로 이주를 앞두고 있었기에,

상황상 전학은 쉽지 않았다. 그렇게 나는 하루 다섯 시간의 통학을 감내했다. 그럼에도 불구하고, 어머니가 차려주신 아침밥을 먹고 도시락을 들고 나설 수 있었기에, 힘듦보다 행복이 더 컸던 기억도 있다.

그 무렵, 내 삶에 뜻밖의 불꽃 하나가 켜졌다.

과학의 재미, 물리의 재미를 처음으로 알게 해준 스승을 만난 것이다.

인천 대건고등학교 물리교사 백윤수 선생님이었다.

당시 우리의 과학 공부는 대부분 공식 암기와 문제 풀이에 머물러 있었다. 그러나 백윤수 선생님은 달랐다. 물리는 외워야 할 공식의 집합이 아니라, 세상을 이해하기 위한 체계적인 사고의 언어라는 것을 처음으로 깨닫게 해주셨다.

정답을 빠르게 찾아내는 데 익숙했던 우리에게, 선생님은 물리가 얼마나 다양한 철학적 토대 위에 세워진 학문인지를 보여주셨다. 단순한 법칙 설명에 그치지 않고, 뉴턴과 아인슈타인이 어떤 질문을 던졌고, 어떤 사유의 과정을 거쳐 그 이론에 이르렀는지를 함께 이야기해주셨다. 과학자들의 사유와 세계관까지 아우르는 수업은, 물리학을 넘어 인문학적 깊이를 지니고 있었다.

그때 나는 처음으로 생각하는 공부의 즐거움을 알게 되었다.

자연스럽게 이과를 선택했고, 물리학을 전공하고 싶다는 마음을 품게 되었다. 학력고사를 마친 뒤에는 몇몇 친구들과 함께 마포구 합정동에 있던 선생님의 자택을 찾아가, 물리학을 전공하고 싶다는 우리의 마음을 전하기도 했다.

여러 현실적인 이유로 결국 나는 물리학과 대신 전자공학과를 선택했다. 그러나 전자공학 분야 중에서도 반도체를 선택했다. 전자공학의 여러 영역 가운데, 반도체는 특히 물리학과 밀접하게 맞닿아 있는 분야다. 양자역학에 기반한 기술 영역이기도 하다. 물리학을 전공하지 못한 아쉬움을 조금이나마 채우고 싶은 마음 때문이었을 것이다.

지금도 나는 양자역학을 완전히 이해하지 못한다. 그럼에도 불구하고, 여전히 배우고 싶다는 마음은 사라지지 않았다. 그 시작점에는 고등학교 시절 한 물리 교사의 수업이 있었다.

백윤수 선생님은 내 인생에서 지적 여정의 첫 불꽃을 켜준 스승이었다.

# 정일우 신부

## John Vincent Daly

### 가난을 '삶'으로 마주하게 한 첫 만남

고등학교 시절, 잊을 수 없는 만남이 하나 있다.

가톨릭 미션스쿨이었던 인천 대건고등학교에는 매주 한 시간씩 종교 수업이 있었다. 지금은 성함조차 떠오르지 않지만, 교리를 가르쳐주시던 수녀님 한 분이 계셨다. 천주교 신자라는 인연으로 수녀님과 많은 대화를 나눌 수 있었다. 고등학교 1학년이던 1980년 어느 날, 수녀님은 나와 내 몇몇 친구들을 데리고 경기도 시흥의 '복음자리마을'을 방문하게 되었다.

왜 그곳에 가게 되었는지는 잘 기억나지 않는다. 그러나 그날

정일우 신부

하루가 내게 남긴 흔적만큼은 또렷하다.

작은 집에 들어서자, 외국인 신부님과 마을 주민들이 몇 분 계셨다. 그 외국인 신부님이 바로 정일우(Daly) 신부님이었다. 첫인상은 편안한 얼굴에 유난히 맑은 눈을 가지신 분이었다. 말 그대로 선(善)함이 느껴지는 모습이었다. 그리고 또 하나 놀라웠던 점은, 미국분이었지만 한국말을 무척 자연스럽게 하신다는 것이었다.

서강대학교 예수회 신부님이라는 이야기를 듣고, 작은누님이 근무하는 서강대학교 산업문제연구소의 프라이스 신부님을 알고 있다고 말씀드리니 무척 반가워하셨다. 그분도 누님을 알고 있다는 말씀을 듣고, 어린 마음에 어깨가 으쓱해졌던 기억도 난다.

우리는 작은 집 거실에 둘러앉아 인사를 나누고, 마을에 대한 이야기를 들었다. 어떤 이야기를 나눴는지는 정확히 기억나지 않는다. 다만, 정일우 신부님은 마을의 사정을 아주 차분하고 쉽게 설명해주셨다.

그때까지 내가 알고 있던 '도시정비'란, 낡고 위험한 판자집을 철거해 도시를 깨끗하게 만드는 일쯤으로 여겨졌기 때문이다. 그러나 신부님의 설명을 들으며, 그리고 그와 함께 공동체를 꾸려가던 사람들(제정구 선생과 마을 주민들)의 모습을 보며, 나는 처음으로 철거가 누군가의 삶을 통째로 무너뜨리는 폭력일 수 있다는 사실을 실감했다.

허름한 산동네 마을에 살았던 나에게, 철거민들의 이야기는 결코 남의 일이 아니었다. 그날은 내가 '도시 빈민으로 살아왔다는 사실'을 처음 자각한 시간이기도 했다. 물론 그날 이후 곧바로 약자를 위해 헌신해야겠다는 결심을 한 것은 아니다. 다만, 신문에서 보던 도시정비 정책이 결코 선의의 정책만은 아니라는 사실이, 내 마음속에 깊이 각인된 하루였다.

그날의 짧은 만남은 이후 내 삶에 오래 영향을 미쳤다. 약자를 위해 온몸을 던질 용기는 없었지만, 그들을 외면하지 않고 응원하며, 작은 힘이나마 보태는 삶은 가능하다는 생각을 품게 되었다. 그리고 대학 시절과 사회생활을 거치며, 나는 종종 그날의 장면을 떠올리며 나 자신의 삶을 되돌아보곤 한다.

이후 서강대학교에서 가톨릭학생회 활동을 하며 몇 차례 정일우 신부님을 다시 뵌 적이 있다. 그러나 신부님은 학교 교정보다는 늘 현장에 계셨고, 자주 만날 수 있는 분은 아니었다.

정일우 신부는 1960년대 초 서강대학교에서 철학과 영어를 가르쳤고, 이후 미국 세인트루이스대학교에서 철학과 신학을 공부한 뒤 1966년 사제 서품을 받았다. 다시 한국으로 돌아와 예수회 신부로 활동하며 '정일우'라는 한국 이름을 사용했다.

그는 설교와 가르침에 머무르지 않았다. 1973년, 스스로 '복음을 입으로만 살고 있다'라는 회의에 이르러 서울 청계천 판자촌으로 들어갔다. 그곳에서 제정구 선생을 만나며, 한국 도시 빈민 운동의 중요한 출발점이 만들어졌다. 이후 그는 철거민들과 함께 살며 주거권과 빈민권 문제에 깊이 개입했다.

'복음자리'라는 이름에는 '사람이 사람답게 살 수 있는 보금자리'라는 뜻이 담겨 있다. 복음자리 공동체는 강제철거로 삶의 터전을 잃은 사람들이 함께 이주해 만든 대안 공동체였다. 단순한 종교 공동체가 아니라, 생활협동조합과 주민회의, 교육 활동까지 포함한 전국 최초의 철거민 자립 주거 공동체였다.

정일우 신부와 제정구 선생은 '빌려 사는 삶이 아니라, 우리가 짓는 터전'을 만들고자 했다. 서울 양평동 철거촌 주민들을 중심으로 경기도 시흥 지역에 집단 이주해, 주민들이 직접 집을 짓고 마을을 세웠다. 이후에도 목동, 상계동 등 강제철거 현장에서 빈민들과 함께 머물며 도시 빈민 운동에 헌신했다.

1986년, 그는 제정구 선생과 함께 아시아의 인권과 사회 정의를 위해 헌신한 이들에게 수여하는 막사이사이상을 받았다. 그리고 2014년 6월 2일, 향년 79세로 선종했다.

돌아보면, 정일우 신부님은 내 인생에서 '가난을 생각하게 만든 사람'이 아니라, '가난을 삶으로 보게 만든 첫 사람'이었다. 그 만남은 짧았지만, 내 삶의 시선을 그를 오래도록 붙잡아두었다.

# YCS와
# 인천 화수동성당

## 화수동성당,
## 세상에 눈을 뜨다

나는 인천에 소재하는 대건고등학교를 다녔다. 천주교 인천교구가 운영하는 사립학교이자 미션스쿨이었다. 학교 내 여러 동아리 중 가톨릭 학생 동아리인 YCS(Young Christian Student)가 있었다. YCS는 천주교 인천교구 모든 성당과 학교에 있던 가톨릭 고등학생 연합 모임이었다. 그곳은 가톨릭 고등학생들의 친목과 신앙 그리고 학교에서는 배울 수 없었던 세상의 이야기를, 정말 다양한 프로그램을 통해 나누고 토론할 수 있는 공간이었다.

특히 사회의 제 현상에 대해 토론하며 각자의 의견을 나눌 수 있는 모임이었다. 우리는 각자가 보고 들은 것들을 나누었다. 낙태, 자살, 사형 등의 제도에 대한 토론에서 노동, 도시 빈민 문제 등 주제의 폭이 상당히 넓었던 기억이 있다. 지금 생각하면 고등학생의 언어로는 버거운 주제들도 상당히 많았다.

그러나 짧은 지식과 서툰 토론만으로도 '함께 정보를 공유하고 생각을 나누는 경험'을 할 수 있었다. 우리 역시 입시의 압박이 컸던 세대였기에 입시에 대한 부담이 없었던 것은 아니었다. 하지만 기계적으로 문제를 풀고 외우는 공부가 아니라, 서로의 생각을 듣고 반박하고 다시 고민하는 시간을 가졌던 건 행운이었다.

인천 대건고등학교 안에 인천 화수동성당이 있었다. 화수동성당(2층)은 가끔 전교생이 모이는 강당으로 사용되기도 했다. 1층은 대건고등학교 도서관으로 사용했다. 고등학교 3학년 때 나와 친구들은 주말에는 학교 도서관에서 공부를 했다. 물론 공부보다는 농구 경기를 더 많이 했던 시절이다. 공부보다 농구가 재미있었다는 건 고3을 경험한 사람들이라면 모두 알 것이다. 하루 종일 놀다가도 저녁 6시가 되면 2층 화수동성당에서 주일미사를 보았다. 성당은 주일미사에 미사 주보를 나눠준다.

가을 무렵, 미사를 보기 위해 성당에 들어가며 받아 든 주보에는 우리들의 궁금증을 유발하는 내용이 있었다. 화수동성당에서 받아보던 주보에는 신문에서는 볼 수 없던 내용들이 실려 있었다.

1982년 부산 미국문화원 방화 사건의 재판 기록이었다. 이미 많은 부분이 사전 검열로 중간중간 삭제된 상태였지만, 그 삭제된 흔적 자체가 오히려 나에게 질문을 던졌다.

'왜 이 내용은 지워졌을까?'

'무엇을 숨기고 있는 걸까?'

그때까지 나는 광주에서 무슨 일이 있었는지 제대로 알지 못했다. 고1이었던 1980년. 나는 그저 텔레비전과 신문이 전해주는 단편적인 정보만을 받아들였을 뿐이다. 그러나 부산 미국문화원 방화 사건의 재판 기록을 접하면서, 나는 처음으로 전두환 군사정권과 광주 그리고 이를 방관한 미국을 조금이나마 알게 되었다.

신문은 부산 미국문화원 방화사건을 '반사회적 학생들의 난동'으로 규정했다. 그러나 성당 주보에 실린 재판 기록은 전혀 다른 이야기를 하고 있었다. 광주 민주화운동의 유혈 진압을 사실상 묵인한 미국 그리고 그 미국을 절대적 우방으로만 가르쳐왔던 국가권력에 대한 문제 제기. 그 배경 속에서 이 사건이 벌어졌다는 설명은, 내게는 충격이었다.

물론 나는 그 사건의 모든 맥락을 이해할 만큼 성숙하지는 않았다. 더구나 방화로 인해 무고한 희생자가 발생했다는 사실 앞에서 쉽게 판단을 내릴 수도 없었다. 그러나 분명해진 것이 하나 있었다. 세상은 신문에 쓰인 것처럼 단순하지 않다는 사실 그리고 진실에는 언제나 삭제된 부분이 존재한다는 작은 깨달음이었다.

부산 미국문화원 방화 사건은 단순한 뉴스가 아니었다. 그것은 내가 광주를 이해하게 된 첫 만남이었고, 세상을 조금은 비판적으로 바라보게 만든 출발점이었다. 그리고 그 출발점에는 늘 친구들이 있었다. 혼자였다면 감당하기 어려웠을 질문들을, 우리는 함께 던졌고 함께 흔들렸다.

돌이켜보면, YCS 활동 모임에서 보낸 그 시간들이 나를 단숨에 행동하는 사람으로 만들지는 않았다. 다만, 아무 생각 없이 살 수는 없게 만들었다. 그것만으로도 충분히 큰 변화였다.

# 서강대학교

## 오늘의 나를
## 만든 공간

나는 종종 스스로에게 묻는다.

왜 대학에 진학했는가.

돌이켜보면, 서강대학교에 입학한 시간은 내 인생의 방향을 가장 분명하게 정해준 순간이었다. 이후 평범한 시민으로 살아가는 삶을 선택하게 되었지만, 서강대에서 보낸 시간은 내 안에 정의와 평화를 향한 기준을 단단히 심어주었다. 그 기준은 시간이 지나도 흐려지지 않았다.

서강대학교에서 나는 세상을 '옳게 보려고 노력하는 태도'를 배웠다. 그리고 그 태도는, 필요할 때 주저하지 않고 참여하게 만드는 힘이 되었다. 정치를 더럽다며 외면하는 것이 아니라, 시민으로서 참여함으로써 바꾸어야 한다는 생각 역시 그때 자리 잡았다. 정치는 멀리 있는 것이 아니라, 국민과 민중의 삶에 직접적인 영향을 미친다는 사실을, 나는 그 공간에서 몸으로 배웠다.

서강대학교는 단순히 지식을 쌓는 장소가 아니었다. 그곳은 사람을 통해 사유를 배우는 공간이었다. 수많은 예수회 신부님들이 그러했다. 강의실 안에서 뿐 아니라, 삶의 태도로 질문을 던지던 분들이었다. 그분들의 말과 침묵, 선택은 내게 늘 같은 질문을 남겼다. 너는 어떤 세계를 선택할 것인가.

그리고 무엇보다도, 내 대학 생활의 중심에는 서강가톨릭학생회 '토마'가 있었다. 선배, 동기, 후배들. 그들과의 시간은 내 대학 생활의 전부라고 해도 과언이 아니다. 우리는 신앙을 이야기했고, 사회를 토론했고, 때로는 치열하게 충돌했다. 그러나 그 모든 과정 속에서 나는 혼자가 아니었다.

그들과의 인연은 지금의 나를 규정한다.

내가 어떤 질문을 던지는 사람인지, 어떤 선을 넘지 않으려 하는 사람인지, 그리고 어떤 순간에 행동하는 사람인지. 그 답의 상당 부분은 그 시절 함께했던 사람들 안에 있다.

서강대학교에서 만났던 모든 분들의 인연을 이 책에 다 담을 수 없다는 사실이 늘 아쉽다. 그럼에도 불구하고, 이 장에서는 그중 오늘의 나를 만든 결정적인 몇 사람을 소개하고자 한다. 이들은 내 삶에서 친구이자 동지였고, 때로는 스승이었다.

서강대학교는 그렇게, 하나의 학교가 아니라 나의 세계관이 형성된 공간이었다.

# 프라이스 신부

## Basil Mervin Price

### 불모지에 가까웠던 한국 노동운동에 길을 낸 사람

프라이스 신부님은 내 기억 속에서 늘 할아버지 같은 분이었다.

초등학교 시절, 작은누님이 근무하던 서강대학교 산업문제연구소를 따라 신촌을 찾았을 때, 가장 먼저 나를 맞아주던 분이었다. 전형적인 미국인의 외모였지만 한국말을 또박또박 구사하셨다. 내가 살던 인천 부평의 미군들은 한국말을 거의 하지 못했기에, 내게 처음으로 놀라움을 준 미국인이었다.

꼬마였던 나에게 농담을 건네고, 먹을 것을 챙겨주시던 기억이 난다. 그 시절의 프라이스 신부님은 그저 상냥하고 한국말 잘하는

프라이스 신부

미국인 신부님이었다.

중학교 3학년 때, 아버지가 교통사고로 돌아가신 후 나는 여름 방학 동안 작은누님 댁에서 지내게 되었다. 방학 동안 누님과 함께 출근하면, 나는 산업문제연구소의 작은 도서관에 혼자 남아 공부를 했다. 책들은 대부분 노동과 경제에 관한 영어 서적들이라 내용을 알 수는 없었지만, 우연히 발견한 《삼국지》 전질을 그 방학 내내 읽었던 기억이 선명하다.

신부님은 오가며 나를 보시고 농담을 던지며 웃기려 애쓰셨다. 언제나 하얀 와이셔츠 그리고 유난히 오래된 구두. 늘 같은 차림이었다. 그 모습이 이상하게도 오래 기억에 남아 있다.

서강대학교에 입학한 뒤, 가톨릭학생회 선배들을 통해 나는 프라이스 신부님의 '진짜 모습'을 알게 되었다. 내가 알고 있던 것보다 훨씬 깊이, 그리고 오랫동안 한국 사회를 위해 헌신해온 분이라는 사실은 놀라움에 가까웠다.

대학 시절, 가끔 산업문제연구소로 찾아뵈면 신부님은 늘 환한 미소로 나를 맞아주셨다. 내가 학생운동에 참여하고 있다는 사실을 알고 계셨지만, 그에 대해 단 한 번도 평가하거나 충고하지 않으셨다. 다만 묵묵히 지켜보고 계셨다는 느낌만이 남아 있다. 혹여 그 사실이 누님께 전해질까 염려해 방문이 뜸해지기도 했지만, 신부님은 언제나 나를 격려해주셨다.

프라이스 신부님은 1923년 미국 네브래스카주에서 태어나 1941년 예수회에 입회했다. 선교사의 길을 오래 품고 있다가 1957년, 서강대학교 설립을 위해 한국으로 파견되었다. 개교 직후부터 사학과 교수로 학생들을 가르쳤고, 교육에 필요한 물품을 직접 세관에서 인수하는 등 궂은일도 마다하지 않았다.

그는 서강대학교 설립의 주역 가운데 한 사람이었고, 무엇보다 1966년 서강대학교 부설 산업문제연구소를 설립해 한국 최초의 노동문제 전문 연구·교육 기관을 만들었다. 노동법, 노동조합 조직과 활동, 단체교섭 방법 등을 가르치며, 무려 35년 동안 1만여 명에 이르는 노동운동의 인적 기반을 길러냈다.

당시 산업문제연구소는 서강대학교 사회과학 연구의 중심에 있었다. 경제학, 사회학, 정치학, 사회복지, 철학 전공 교수들뿐 아니라 예수회 신부들이 함께 참여하며 한국 사회의 구조적 모순을 연구했다. 산업화의 그늘에 놓인 노동자와 도시 빈민, 기지촌 문제에 깊은 관심을 가졌던 신부들의 참여도가 특히 높았다.

훗날 알게 된 이야기지만, 조순 교수, 최장집 교수, 김세균 교수, 김수행 교수 등 한국 사회과학을 대표하는 진보적 학자들이 연구에 참여했고, 박홍 신부를 비롯한 예수회 사회사도직 신부들의 활동도 활발했다. 그곳은 단순한 연구기관이 아니라, 당시 한국 사회의 고통을 정면으로 마주하던 공간이었다.

프라이스신부님은 1970년에는 가톨릭 정의평화위원회 설립에 참여해 20여 년간 간사를 맡았고, 인혁당 사건 피해자 가족들을 돌보는 등, 엄혹한 군사독재 시절에도 사회 정의와 인권 보호를 위해 물러서지 않았다.

프라이스 신부님은 당신이 하셨던 역할에 비해 이름이 눈에 띈 분은 아니다. 아마도 그분의, 드러내지 않는 성직자로의 소신과 성격 때문일 것이다. 그분의 검소한 삶은 서강대 동문들에게는 유명했다. 낮에는 전등을 켜지 않고 창가의 빛에 의존했고, 서류 봉투는 헤질 때까지 쓰다 메모지로 사용했다. 이면지를 네 등분해 쓰고 담배마저 반으로 나누어 피웠다는 이야기는 함께 일한 이들 사이에서 전설처럼 전해진다.

그의 청빈은 과시가 아니었다. 그저 삶의 방식이었다.

프라이스 신부님은 2004년 9월 29일, 대장암으로 선종하셨다. 경기도 용인 천주교 공원묘지의 예수회 묘역에서 가장 구석진 자리에 안식하고 계신다. 한국에서 보낸 47년, 서강에 바친 44년의 세월을 마치고서도, 마지막까지 자신을 드러내지 않으신 듯한 자리였다.

돌아보면, 프라이스 신부님은 내게 많은 말을 하지 않으셨다. 그러나 어떻게 살아야 하는지는 삶으로 보여주신 분이었다. 불모나 다름없던 땅에 길을 내고, 그 길을 묵묵히 걸어간 사람. 그 침묵과 청빈 그리고 오래된 구두 한 켤레가, 지금도 내 삶의 기준으로 남아 있다.

# 펠릭스 신부

## Felix M. Villareal

### 기술을 통해
### 인간 존엄을 가르치던 교육자

서강대학교에서 만난 스승들 가운데, 펠릭스 신부님은 유난히 독특한 존재였다.

그를 한마디로 규정하기는 어렵다. 그는 사제였고, 연구자였으며, 사회적 약자를 위한 기술을 고민하던 사람이었다. 많은 사람이 그를 '기술 사목자'라고 불렀다.

대학교 1학년 때부터 나는 그분과 정말 토론을 많이 했다.

수업 시간에도, 수업이 끝난 뒤에도, 그리고 술자리에 이르기까지 토론은 이어졌다. 우리말로 토론했지만, 이상하게도 나는 그분과의 토론에서 단 한 번도 이겨본 적이 없다. 논리는 치밀했고, 질

펠릭스 신부님과 함께

문은 늘 한발 더 깊숙이 들어왔다.

그러나 그 토론은 결코 상대를 제압하기 위한 것이 아니었다.

언제나 학생이 스스로 생각하도록 만드는 토론이었다. 펠릭스 신부님은 학생들의 말을 끝까지 들었고, 성급한 결론을 경계했다. 당시 전두환 독재정권에 맞서 싸우던 학생들의 태도는 언제나 도발적이었지만, 극단으로 치닫지 않도록 중심을 잡아주었다.

그분이 가르친 것은 단순한 전산학이 아니었다.

기술은 누구를 위해 존재해야 하는가, 그 질문이 늘 수업과 토론의 밑바탕에 깔려 있었다.

펠릭스 신부님은 시각장애인을 위한 맹인용 컴퓨터 음성 프로그램 개발을 주도했다. 1989년 10월부터 개발을 시작해, 1990년대 초반 프로그램을 공개했다. 목적은 분명했다. '맹인들의 직업 재활과 교육을 돕기 위해서.'

그는 이 프로그램을 단순한 연구 성과로 여기지 않았다. 정보기술이 정보 소외 계층의 삶을 바꾸는 사회참여이자 인권 실천이 될 수 있다는 믿음에서 출발한 작업이었다.

인터뷰에서 그는 프로그램 개발을 위해 직접 2,400여 개의 음성을 입력했다고 밝혔다. 그 숫자는, 그가 얼마나 이 일을 '사목'처럼 받아들였는지를 보여준다. 기술은 책상 위에서 완성되는 것이 아니라, 사람의 삶을 향해 나아갈 때 비로소 의미를 갖는다는 사실을 그는 몸으로 증명하고 있었다.

전산소장을 맡고 있던 시절의 일화도 있다.

그는 모든 학생의 성적표를 볼 수 있는 위치에 있었다. 어느 날 나를 따로 부르더니, 성적표를 가만히 보며 이렇게 말했다.

"학생운동도 좋지만, 적당히 하게."

그 말에는 꾸짖음도, 통제도 없었다. 다만 엔지니어로서 해야 할 몫을 잊지 말라는 당부가 담겨 있었다. 그는 늘 '엔지니어 양성이 정말 중요하다'라고 말했다. 기술을 다룰 수 있는 사람이 많아질수록, 사회를 바꿀 수 있는 가능성도 커진다는 믿음 때문이었다.

펠릭스 신부님은 사회운동가처럼 전면에 나서지 않았고, 정치인처럼 발언하지도 않았다. 그렇다고 전통적인 의미의 학자나 성직자로만 남지도 않았다. 그는 기술과 인권, 신앙과 교육이 만나는 교차점에 서 있던, 매우 희귀한 사람이었다.

돌아보면, 펠릭스 신부님은 내게 이렇게 묻고 있었던 것 같다.

너는 무엇을 만들 것인가. 그리고 그 기술은 누구의 삶에 닿을 것인가.

그 질문은 지금도 여전히 유효하다.

# 민기식 신부

## Robert K. McIntosh

### 조용히 공동체를 지탱하던 사람

대학에 입학하던 해, 민기식 신부님은 신입생이던 우리의 지도신부님이었다.

말씀은 다소 어눌했지만 한국어는 능숙했고, 무엇보다 농담을 참 잘하셨다. 늘 웃는 얼굴, 천진난만한 표정. 처음 만났을 때의 인상은 '참 편한 어른'이었다. 어떤 동문들은 그를 깐깐하고 엄숙한 교수로 기억하고, 또 어떤 동문들은 친구처럼 자상한 신부로 기억한다. 그만큼 사람에 따라 다른 얼굴로 다가오는 분이었다.

그러나 한 가지는 분명했다.

민기식 신부

큰 실수를 했을 때만큼은 정말 무서운 분이었다.

신입생 시절, 지금은 정확히 기억나지 않지만 우리가 큰 사고를 친 적이 있다. 술을 마신 채 밤늦게 교내 성당이 있던 메리홀에 몰래 들어가 잠을 자다 들킨 일이었다. 평소 늘 웃고 농담을 건네던 신부님이었기에, 그날의 신부님 표정에 우리는 완전히 얼어붙었다. 그분의 눈에 우리의 행동은 경솔함을 넘어, 공동체를 가볍게 여긴 행동이었을 것이다.

그 순간은 분명 무서웠다. 그러나 그뿐이었다. 용서를 구한 우리를, 언제 그랬냐는 듯 다시 따뜻하게 대해주셨다. 꾸짖되 오래 붙들지 않았고, 잘못은 분명히 짚되 사람을 몰아붙이지 않았다. 아마도 우리를 학생이 아니라 자식처럼 대해주셨기 때문일 것이다.

당시에는 미처 몰랐지만, 훗날 알게 된 사실도 있다.

민기식 신부님은 도시 빈민 운동에 헌신했던 정일우 신부님과 친척 관계였고, 실제로 복음자리 공동체 활동에도 함께 참여했던 분이었다. 늘 전면에 나서기보다는, 옆에서 조용히 돕는 역할을 맡았던 사람이었다.

그래서인지 민기식 신부님을 떠올리면, 이런 표현이 가장 잘 어울린다.

'있는 듯 없는 듯한 사람.'

존재감이 유난히 튀지는 않지만, 곁에 있으면 언제나 편안하고, 없으면 괜히 서운해지는 사람. 늘 자신에게 주어진 자리에서 해야 할 일을 소리 없이 해내는 사람. 그는 그런 분이었다.

민기식 신부님은 1940년 미국 위스콘신주 밀워키에서 태어나, 스물여섯의 나이에 한국에 왔다. 1966년 8월 8일, 서강대학교 영어영문학과 강의를 맡으며 한국 생활을 시작했고, 이후 반세기 가까운 시간을 한국에서 보냈다. 한국에서 산 시간이 미국에서 산 시간보다 훨씬 길어졌지만, 그는 늘 이렇게 말했다.

"미국은 방문하는 곳이고, 한국은 사는 곳이지요."

그는 1, 2학년 교양영어를 가르치며 학생들을 만났고, 1975년부터 1985년까지는 가톨릭학생회 지도신부로 활동했다. 유신정권 시절, 외국인이 학생동아리를 공식적으로 지도할 수 없던 상황에서도 그는 우회적인 방식으로 학생들과 함께했다. 이후에는 한국 예수회 부지구장과 부관구장, 양성 담당, 영적 지도자로 일하며 '한국 예수회의 뿌리'를 다지는 역할을 맡았다.

그가 자주 하던 말이 있다.

"한국 예수회가 튼튼해야 서강도 튼튼해집니다."

민기식 신부님은 늘 앞에 서기보다는, 뒤에서 받치는 일을 선택했다. 그래서 프라이스 신부님처럼 널리 알려지지는 않았을지 모른다. 그러나 공동체가 흔들리지 않도록 뿌리를 붙들고 있던 사람은, 바로 그였다.

돌아보면, 민기식 신부님은 내게 어떤 사상을 가르치거나, 삶의 방향을 강하게 제시한 분은 아니었다. 대신 함께 있어주는 어른, 공동체가 무너지지 않도록 버팀목이 되어주는 사람이 어떤 존재인지를 몸으로 보여주신 분이었다.

그런 사람이 곁에 있었다는 사실만으로도, 대학 시절의 나는 조금 덜 흔들릴 수 있었다.

# 박문수 신부

## Francis Xavier Buchmeier

### 연구자이자 행위자, '동행'의 사람

서강대 가톨릭학생회 '토마'는 많은 신부님들과 가까이 지낼 기회가 있었다. 피정과 평일미사, 때로는 술자리까지. 그러니 어떤 신부님은 또렷한 에피소드로 남고, 어떤 신부님은 장면보다 기운으로 남는다.

박문수 신부님은 내게 후자였다.

나는 사회학과 수업을 직접 듣지는 못했다. 그래서 특정한 강의 장면이나 일화를 길게 떠올리기는 어렵다. 그럼에도 분명한 것은 하나다. 재학 시절 나는 여러 자리에서 박문수 신부님을 자주 마주쳤고, 그때마다 그분은 '연구하는 사람'이라기보다 '현장에 발 딛고 있는 사람'처럼 보였다.

사실 박문수 신부님의 삶을 따라가면 그 인상이 우연이 아니라는 것을 알게 된다. 그는 미국 출신으로 1960년 예수회에 입회했고 1973년 사제로 서품되었다. 이후 사회학을 공부했고, 1979년부터 1999년까지 서강대학교 사회학과 교수로 재직했다. 그리고 1985년에는 한국으로 귀화했다.

이력만 보면 '학자'에 가깝다. 하지만 그분을 설명하는 말 가운데 내가 가장 오래 붙드는 단어는 '동행'이다. 개발과 성장의 이름으로 약한 사람들이 도시의 그림자 속으로 밀려나던 시절, 그는 멀찍이 서서 분석만 하는 연구자가 아니라, 가난한 이들의 터전 가까이로 내려가려 했던 사람으로 알려져 있다.

우리는 가끔 신부님의 한국 이름을 두고 농담을 나누곤 했다. 확인된 기록이라기보다, 학생들 사이에서 전해지던 이야기였다. 귀화하면서 성은 '부크마이어'의 어감을 따라 '박'을 택하고, 본은 서강대가 있는 '마포'로 삼아 '마포 박씨'가 되었다는 이야기. "후대가 없으니 1대에서 끝나는 마포 박씨"라는 말까지 따라붙었다. 사실 여부를 떠나, 그 농담 속에는 묘한 존중이 담겨 있었다. 이 땅에 '살러' 들어와, 결국 이 땅의 이름으로 살아낸 사람이라는 존중 말이다.

박문수 신부님이 남긴 문장 중 널리 인용되는 말이 있다.

박문수 신부

"저는 가난한 이들에게 먼저 손 내밀고 동행하는 사제로 살고 있습니다."

그 문장을 읽을 때마다 나는 오히려, 내가 학교에서 보았던 그분의 인상이 선명해진다. 신부님은 '가난'을 어떤 감상으로 다루지 않았고, '정의'를 어떤 구호로만 소비하지도 않았다. 공부한 것을 현실에서 검증하려 했고, 현실에서 만난 것을 다시 사유로 되돌려 놓으려 했던 사람. 말하자면 그는 연구자이자 행위자였다.

서강대에서 배운 것이 많지만, 그중 오래 남는 것은 결국 이런 태도다.

세상은 설명만으로 바뀌지 않는다. 그러나 설명 없는 행동 역시 오래가지 못한다. 박문수 신부님은 그 둘 사이를 오가며, 한쪽에만 머무르지 않는 삶이 가능하다는 것을 보여준 분이었다.

# 안병태
# 알퐁소 신부

## 말보다 삶으로 남은
## 예수회 사제

대학에 입학하면서, 내게는 이상하리만큼 많은 행운이 따라왔다.

그 행운의 이름은 늘 같았다. 사람이었다.

그중에서도 유독 선명하게 남아 있는 만남이 있다. 서강대 예수회의 안병태 알퐁소 신부님이다.

대학 시절, 등록금 마련은 늘 벼랑 끝의 문제였다. 학생운동에 발을 담근 나는 성적 장학금과는 거리가 멀었고, 생활은 번번이 흔들렸다. 그런데 서강대는 예수회 재단이었고, 학교 안에는 '교수'이자 '사제'로 살아가는 신부님들이 계셨다. 그리고 그분들의 삶에서

안병태 신부

모인 힘은 조용히 그러나 분명하게, 학생들에게 장학금으로 돌아왔다. 특히 가톨릭학생회 토마는 그 혜택을 많이 받았다.

나 역시 학생회 활동을 했고, 2학년 2학기부터는 가톨릭학생회장으로 일하면서 신부님들의 도움을 받을 수 있었다. 솔직히 말하면, 그 기회가 없었다면 학업을 끝까지 이어가기는 쉽지 않았을 것이다.

안병태 신부님은 원래 70년대 학번 선배들의 담당 신부님이었다. 80년대 학번인 나와는 '학생회'라는 경로로만 몇 번 인연이 닿는 정도였는데, 이상하게도 내게는 더 가까운 분처럼 느껴졌다.

이유가 있었다.

서강대 산업문제연구소에서 일하던 작은누님이 신부님께 세례를 받았다고 했다. 그 인연 덕분인지 나는 대학에 들어온 뒤 신부님께 종종 찾아가 고민을 털어놓을 수 있었다.

신부님은 늘 아버지 같은 표정을 하고 계셨다.

무엇보다 인상적이었던 건, 신부님이 '정답'을 주지 않는다는 점이었다. 학생의 말을 끝까지 듣고, 성급한 결론을 내리지 않았다. 오히려 내가 내 입으로 문제를 다시 말하게 만들고, 스스로 정리하게 만들었다. 상담이 끝나고 돌아서면 신기하게도 마음이 조금 가벼워졌다. 많은 말을 해서가 아니라, 말보다 태도로 사람을 바로 세우는 분이었다.

선배들은 신부님의 별명을 '안고통 신부님'이라고 불렀다. 처음에는 그 별명이 낯설었지만, 시간이 지나며 그 말이 애정이라는 것을 알게 됐다. 신부님은 매사에 진지했고, 어떤 일도 가볍게 넘기지 않았다. 하지만 그 진지함은 학생들에게 자신의 생각을 주입하기 위한 것이 아니었다.

우리가 마음껏 말할 수 있는 자리를 만들고, 서로 위로받을 수 있는 장을 열어주는 데 쓰였다. 신부님이 묵묵히 들어준 덕분에, 우리는 어쩌면 스스로 균형을 잡을 수 있었는지도 모른다. 그 사실을 나는 훨씬 뒤늦게 알아차렸다.

신부님은 학교 안팎에서 중요한 직책을 맡기도 했지만, 그 '자리'가 신부님을 설명해주지는 않았다. 내 기억 속 신부님은 늘 앞에서 이끄는 사람이라기보다, 곁에서 지켜주는 사람이었다. 가르치기보다 함께 고민했고, 끌어가기보다 동행했다.

그리고 1994년, 내가 결혼하던 해. 신부님은 내 결혼식의 주례를 기꺼이 맡아주셨다. 바쁜 일정과 여러 사정이 있었을 텐데도, 내 삶의 한 고비를 함께 건너주셨다.

그해 늦가을, 신부님은 먼 곳에서 선종하셨다는 소식을 들었다. 믿기지 않는 마음으로 한동안 멍하니 서 있었던 기억이 난다.

지금도 나는 가끔 생각한다. 신부님은 내게 무엇을 남겼을까.

아마도 답은 하나다. 신앙은 말로 가르치는 것이 아니라 사람을 중심에 두는 태도로 증명된다는 것. 그리고 누군가의 청춘을 떠받치는 일은, 대단한 선언이 아니라 조용한 책임으로 가능하다는 것.

안병태 신부님은 앞에 서기보다 곁에 서는 분이었다.

그분은 그렇게 말보다 삶으로, 내 안에 오래 남았다.

# 박홍 신부

## 존경에서 분노까지, 한 시대를 통과한 사제

내가 서강대학교에 입학하던 당시, 박홍 신부는 분명 진보적인 인사였다. 전두환 독재정권에 맞서 싸웠고, 고문을 받았다는 이야기도 전설처럼 전해졌다. 그럼에도 자신의 소신을 굽히지 않았던 사제. 학생들 사이에서 박홍 신부는 이미 하나의 상징이었다.

내가 그를 처음 만난 곳은 강의실이었다.

과목명은 〈신학적 인간론〉. 당시 서강대에서 손꼽히게 인기가 많은 강의였다. 박홍 신부는 강의 내내 담배를 피웠다. 지금이라면 상상조차 할 수 없겠지만, 1984년의 강의실에서는 그것을 문제 삼는 사람이 거의 없었다. 오히려 그 모습조차 '자유롭고 대담한 신부'라는 이미지에 겹쳐졌다.

본격적으로 박홍 신부와 가까워진 것은, 내가 가톨릭학생회 회장이 되었을 때부터였다. 서강대 가톨릭학생회에는 지도 신부가 있었고 그 시기 우리의 지도 신부가 바로 박홍 신부였다. 당시 예수회 신부님들은 술과 담배를 가리지 않았고, 박홍 신부 역시 예외가 아니었다. 그는 학생들과 격의 없이 막걸리를 마시곤 하던 호탕한 사제이자 스승이었다.

그분의 입담은 탁월했다. 5·17 전국비상계엄 확대 당시의 경험, 군사정권과의 대치, 체포와 연행의 순간들. 이야기 하나하나가 영웅담처럼 들렸다. 학생운동에 온 힘을 쏟고 있던 우리들에게, 그 시간은 단순한 술자리가 아니라 경험의 전수였다.

그 시절 우리에게 박홍 신부는 거의 우상에 가까운 존재였다.

거대한 체구, 묵직한 목소리 그리고 학생들을 압도하는 카리스마. 동시에 그는 학생들의 이야기를 잘 들어주었고, 가톨릭학생회 회장이던 나의 고민도 늘 경청해주었다. 친근하면서도, 분명한 권위가 있는 인물이었다.

가톨릭 학생회장을 마치고, 나는 뒤늦게 학업에 집중하기 시작했다. 수년간의 학생운동으로 성적은 말 그대로 비참한 수준이었고, 더 이상 운동을 '진화'시키지 못한 채 전공으로 돌아와야 했다.

그 무렵부터 박홍 신부와의 관계는 교정에서 오가며 인사를 나누는 정도로 멀어졌다. 워낙 거물이었고 바쁜 분이었기에, 대학원 시절에도 뵐 기회는 많지 않았다.

대학원 재학 중 박홍 신부는 서강대학교 총장이 되었다.

그리고 시간이 흘러 1991년. 이른바 '분신 정국'의 한복판에서 박홍 신부의 폭탄 발언이 세상을 뒤흔들었다. 그 뉴스를 접했을 때 나는 경악을 금치 못했다. 내가 알던 박홍 신부, 우리가 존경하던 그 모습과는 너무도 달라 보였다.

그는 급기야 94년 김영삼 대통령과 전국 대학 총장들과의 청와대 오찬 자리에서 "학생 운동권 배후에 사노맹(사회주의노동자동맹)과 사노청(사회주의노동자청년동맹) 김정일이 있다. 그들은 북한 로동신문이나 팩시밀리를 통해 지령을 받는다"라고 말했다.

언론은 박홍 신부의 발언 이후 연일 학생운동에 대해 대서특필했다. 근거도 분명하지 않은 채 주장만을 남발하는 박홍 신부와 이를 확인 작업 없이 대서특필한 언론. 그야말로 광란의 시간이었다.

그 이후로 나는 박홍 신부께 따로 연락을 드리지 못했다.

원래는 결혼 주례를 부탁드릴 생각도 있었지만, 그 마음 역시 접고 말았다. 존경이 배신으로 바뀌었다고 말하기에는 단순하지 않았고, 그렇다고 아무 일도 없었던 것처럼 넘기기에는 너무 큰 간극이 생겨 있었다.

나는 지금도 박홍 신부를 하나의 문장으로 규정하지 않는다.

그분은 나에게 열정을 가르쳐준 사람이었고, 동시에 시대가 사람을 어떻게 바꾸는지 보여준 사례이기도 했다. 존경과 거리, 공감과 당혹감이 한 인물 안에 공존할 수 있다는 사실을, 나는 박홍 신부를 통해 처음으로 체감했다.

어쩌면 박홍 신부는 나에게 한 가지 질문을 남긴 사람인지도 모른다.

신념은 어디까지 지켜질 수 있는가. 그리고 권위와 정의, 신앙과 권력 사이에서 인간은 어떤 선택을 하게 되는가.

그 질문은 아직도 끝나지 않았다.

# 김어상
# 교수

## 오랜 희망을
## 현실의 희망으로 바꿔준 사람

김어상 교수님은 내 삶의 방향을 결정한 몇 안 되는 어른 가운데 한 분이다. 정확히 말하자면, 내 꿈을 꺾은 사람이 아니라 꿈이 좌절로 끝나지 않도록 현실 위에 다시 세워준 사람이다.

김어상 교수님은 서강대학교 경제학과 61학번으로, 재직 기간 동안 교양학부 교수로 학생들을 가르치며 산업문제연구소장을 역임하셨다. 2007년 정년퇴임을 하셨고, 평신도였지만 신앙심이 각별한 분이었다. 가톨릭사회과학연구소, 사회정의시민행동 등 가톨릭 관련 단체에서의 활동도 꾸준히 이어오신 분이다.

내게 교수님은 '연구자'나 '교수' 이전에, 오래전부터 알고 지낸 마음씨 넓은 어른이었다. 작은누님이 서강대학교 산업문제연구소에서 근무하던 시절, 나는 어린 나이에 연구소를 종종 드나들었다. 그곳에는 늘 프라이스 신부님과 김어상 교수님이 계셨고, 교수님은 어린 나를 귀여워해주셨다. 그때의 기억 속 교수님은 늘 온화한 표정의 '아저씨'였다.

고등학교를 마치고 진로를 고민하던 시기, 영국에 있던 누님의 추천으로 김어상 교수님을 다시 찾아뵙게 되었다. 일종의 진로 상담이었다. 당시 나는 물리학에 깊이 빠져 있었다. 고등학교 시절, 과학과 물리의 재미를 처음 제대로 알려준 물리 선생님 덕분에 나는 자연스럽게 이과를 선택했고, 물리학을 전공하겠다고 마음먹었다. 학력고사를 마친 뒤에는 몇몇 친구들과 함께 마포구 합정동에 있던 선생님의 자택까지 찾아가, 물리학을 하고 싶다는 마음을 전하기도 했다.

문제는 내가 물리학 말고는 거의 아무것도 몰랐다는 점이었다. 공업 시간에 다양한 공학 분야를 소개받긴 했지만, 그것을 실제 전공이나 삶의 경로로 상상해본 적은 없었다. 물리학에 꽂혀 있던 나에게 다른 선택지는 보이지 않았다.

김어상 교수님 앞에서 나는 왜 물리학을 하고 싶은지를 참 열심히 설명했다. 교수님은 끝까지 내 말을 들으신 뒤, 아주 짧은 질문을 던지셨다.

“화섭이, 너는 너를 천재라고 생각하니?”

나는 그 질문의 의도를 이해하지 못한 채, 단언코 아니라고 대답했다. 그러자 교수님은 이미 가정 형편을 알고 계셨음에도 다시 물으셨다.

“그럼 오래 공부할 만큼 경제적 뒷받침은 되니?”

나는 농담처럼 말했다.

“이렇게 없기도 쉽지 않습니다.”

교수님은 웃어넘기지 않으셨다. 물리학이라는 순수과학이 얼마나 긴 시간과 깊은 몰입을 요구하는 학문인지, 그리고 그 길을 걷는 사람들(아인슈타인을 비롯한 현대 물리학의 거장들) 대부분이 얼마나 탁월한 천재들이었는지를 차분히 이야기해주셨다. 학문적으로는 매우 의미 있지만, 그 길을 가려면 뛰어난 능력이나 오랜 시간 학문에 전념할 수 있는 현실적 기반이 필요하다는 말씀이었다.

어린 학생의 꿈을 짓밟는 말처럼 들릴 수도 있었지만, 교수님은 누님의 부탁을 받은 어른으로서 현실적인 이야기를 하고 계셨다. 그렇게 대화는 이어졌고, 결국 물리학은 내가 감당하기에는 버거운 길이라는 결론에 이르렀다.

물리학을 포기해야 한다는 사실에 나는 적잖이 당황했다. 남은 선택지는 공학이었지만, 당시의 나는 공학에 큰 관심도, 구체적인 이해도 없었다. 그때 떠올린 것이 새롭게 등장한 '유전공학과'였다. 생명과 관련된 학문이라는 이유에서였다.

독실한 천주교 신자였던 김어상 교수님은 내가 같은 신앙을 가진 사람이라는 것을 잘 알고 계셨다. 정확한 대화의 내용은 또렷이 기억나지 않지만, 유전공학을 전공할 경우 신앙인으로서 생명 윤리와 충돌할 수 있는 지점들, 그로 인한 고뇌에 대해 말씀하셨던 것 같다. 그렇게 유전공학 역시 선택지에서 사라졌다.

마지막으로 교수님은 대한민국 산업의 방향에 대해 이야기하셨다. 앞으로 어떤 산업이 국가의 기반이 될 것인지, 전자공학이 왜 중요한지에 대해 말씀해주셨다. 당시 이미 서울대 전자공학과의 커트라인이 서울대 의대보다 높던 시기였다. 그렇게 내 전공은 전자공학으로 귀결되었다. 다행히 그때의 성적으로 서강대학교 전자공학과에 진학할 수 있었다. 내 인생의 전공이 부지불식간에 결정된 순간이었다.

전자공학과를 선택한 것은 결과적으로 내게 많은 기회를 주었다. 물론 학부 시절의 나는 학생운동에 깊이 관여하며 학업을 제대로 수행하지 못했다. 서강대학교에는 출결 미달 시 자동으로 F가 부여되는 'FA 제도'가 있었고, 1984년 학원자율화 조치 이후 학내에는 연일 시위가 이어졌다. 정문은 늘 전투경찰과 학생 시위대가 맞서는 격전장이었다.

수업을 빠지기 일쑤였던 내 성적표는 'F'로 가득했고, 나는 남들보다 한 학기를 더 다녀 9학기를 채워야 했다. 학생운동을 더 진화시키지 못한 채, 뒤늦게 마지막 한 학기를 전공 공부에 매진했다. 그렇게 서강대학교 대학원 전자공학과로 진학하게 되었고, 그것이 1987년 여름이었다.

대학원 시험을 마친 날은 1987년 6월 9일이었다. 시험을 마치고 나는 거리로 나갔다. 바로 '87년 6월 항쟁'이었다. 그렇게 나는 전자공학을 평생의 삶을 지탱하는 분야로 삼아 살아오게 되었다.

그래서 나는 지금도 김어상 교수님께 감사한다. 교수님은 내게 막연한 희망을 부정한 사람이 아니라, 오랜 희망을 현실의 희망으로 바꿔준 사람이었다.

서강대학교 입학 초, 교수님을 뵌 이후로는 자주 만날 기회가 없었다. 1985년경 독일로 유학을 가셨다는 이야기를 전해 들었고, 그 이후로는 뵙지 못했다.

하지만 그날 던지셨던 질문은 여전히 내 안에 남아 있다.

"너는 천재라고 생각하니?"

그 질문은 내 꿈을 꺾기 위한 질문이 아니라, 내 삶이 허공에 떠오르지 않게 붙잡아준 질문이었다.

# 김진헌
# 교수

## '돌아온 탕자 이야기'
## 루가복음 15장

루가복음 15장에는 '돌아온 탕자 이야기'가 있다. 방탕하게 살다 모든 것을 탕진하고 돌아온 둘째 아들과 그를 조건 없이 맞이하는 아버지의 사랑 이야기다. 회개하는 죄인을 기뻐하는 하느님의 무조건적인 사랑과 용서를 가르치는 대목이다.

내 삶이 방탕하진 않았지만 대학생활 동안 전자공학도로서는 거의 탕아급이다. 성적표에는 F학점이 너무 많아, 농담 삼아 '무기고'라고 애써 웃어넘기기도 했다. 4학년이 되면서 나는 진로에 대한 심각한 고민에 빠지게 된다. 학생운동을 더 진화해나갈 것인지,

그 동안 등한시했던 학과 공부를 시작할 것인지.

나는 전공 공부를 하기로 결심한다. 그것은 펠릭스 신부님과의 약속이기도 했다. 그런데 참담한 수준의 학부 성적과, 나름 학생운동으로 학과 내에서는 문제아로 인식된 나를 받아주실 교수님이 과연 계실까?

그때 내게 손을 내밀어주신 분이 김진헌 교수님이다.

내가 전자공학을 포기하지 않고 천착할 수 있게 길을 열어주신 분이다. 조금 더 정확히 말하면, 이미 학업에서 멀어졌던 나를 다시 책상 앞으로 돌아오게 만든 분이었다.

김진헌 교수님을 만났을 당시, 나는 '성실한 학생'과는 거리가 먼 학생이었다. 학생운동에 깊이 관여하며 과격한 학생으로 꽤나 알려져 있었다. 수업보다 거리와 집회가 익숙했고, 공부는 늘 뒷전이었다. 주변에서는 종종 "운동 좀 그만하라"라는 말을 들었다. 그런 나를, 김진헌 교수님은 있는 그대로 받아주셨다.

특별히 감싸거나 두둔하지도 않았고, 그렇다고 배제하지도 않았다. 다만 '공부는 다시 할 수 있다'라는 가능성을, 말이 아니라 태도로 열어주셨다. 내가 석사 과정을 이어갈 수 있었던 것도, 그분이 나를 받아주셨기 때문이다.

김진헌 교수님은 서강대학교가 개교하던 1960년 첫 입학생이었다. 보통 60학번(1회)이라 부른다. 서강대학교 영문학과로 입학했지만, 전과 후 물리학과로 졸업하셨다. 이런 그의 이력만 보아도 한 사람의 지적 궤적이 얼마나 유연하고 집요할 수 있는지를 보여주는 분이다. 이후 보스턴대학에서 고체물리를 전공하시고 모교인 서강대학교 물리학과 교수로 임용되었다. 전자공학과가 신설되면서 전자공학과 교수로 옮기신 분이다. 그분은 물리학과 전자공학, 특히 반도체와 전자재료분야를 연구하는 학자로서 공학과 물리학의 경계를 넘나드는 연구를 이어가셨다.

김진헌 교수님은 학생의 과거보다 지금 무엇을 하려 하는지를 보시는 분이었다. 성적표보다 질문을 보셨고, 이력보다 태도를 보셨다. 그래서 나는 그분 앞에서 다시 공부를 해도 된다는 용기를 얻었다.

내가 석사 과정을 마칠 무렵 교수님은 간암 판정을 받으셨다. 병세는 빠르게 악화했고, 우리는 그 사실을 받아들이기조차 어려웠다. 하지만 교수님은 마지막까지 교수였다.

교수님은 병실에서도 논문을 놓지 않으셨다. 몸은 이미 병상에 있었지만, 눈은 여전히 원고 위에 있었다. 문장을 읽고, 식을 달고, 질문을 남기셨다. 학생의 논문을 끝까지 책임지는 일이 자신의 삶을 끝까지 책임지는 일과 다르지 않다는 듯이.

그 모습은 '학문'이 직업이 아니라 태도일 수 있다는 것을 보여주었다.

아프다고 멈추는 것이 아니라, 끝까지 자기 자리에 머무는 것. 김진헌 교수님이 보여준 학자의 모습이었다.

교수님은 결국 내가 석사를 마칠 무렵 세상을 떠나셨다. 너무 이른 죽음이었다. 그리고 내가 논문을 지도한 마지막 제자가 되었다. 더 많은 연구를 남길 수 있었고, 더 많은 학생을 길러낼 수 있었을 분이었다.

하지만 나는 지금도 생각한다.

내가 학문의 세계를 완전히 떠나지 않고, '공부한다는 것'의 의미를 마음속에 남겨둘 수 있었던 이유는 김진헌 교수님 덕분이라고. 그분은 나에게 학문적 방법론을 가르치기보다, 학자가 어떤 태도로 살아야 하는지를 몸으로 보여준 사람이었다.

공부를 잘하라고 다그치지 않았고, 학생운동을 그만두라고 강요하지도 않았다. 다만, '그래도 너는 공부할 수 있다'라는 자리를 남겨주셨다. 그 자리가 있었기에 나는 다시 책을 펼칠 수 있었고, 다시 질문을 던질 수 있었고, 다시 생각하는 사람이 될 수 있었다.

김진헌 교수님은 내 인생에서 오래 남아 있는 몇 안 되는 스승 중 한 분이다. 강의실보다 병실에서 더 선명하게 학자의 얼굴을 보여준 분으로.

# 안철 교수

## 학문을 이어갈 자리를 내어준 사람

김진헌 교수님이 떠난 뒤, 나는 학문적으로 말하자면 '고아'와 같은 상태였다. 지도교수를 잃는다는 것은 단순히 한 사람의 부재가 아니라, 연구의 방향과 소속 그리고 다음 걸음을 동시에 잃는 일이다.

그때 안철 교수님이 계셨다. 안철 교수님은 서강대학교 물리학과 61학번(2기)이다. 서강대 초창기의 분위기와 학문적 기풍을 그대로 느낄 수 있는 분이다. 그리고 무엇보다도, 사람의 사정을 함께 고민해주시는 교수님이었다.

나는 석사 과정만 마친 상태로 신한대학교(당시 신흥대학)에 오게 되었다.

대학에 종사하면서 박사 학위는 필수적인 상황이었다. 지도교수가 부재한 상황에서 모교인 서강대학교에서 박사 과정을 이어가기는 쉽지 않은 상황이었다. 학문을 계속하고 싶다는 마음은 있었지만, 받아줄 자리는 쉽게 생기지 않았다. 안철 교수님은 그 망설임의 시간을 단번에 끊어주신 분이다.

교수님은 나를 흔쾌히 박사 과정으로 받아주셨다.

조건을 따지기보다, 이 사람이 연구를 계속해야 할 이유가 있는지를 먼저 보셨다.

그 결정은 나 한 사람만을 위한 것이 아니었다. 김진헌 교수님의 부재로 '고아'가 되어 연구의 갈피를 잡지 못하던 학생들을 안철 교수님은 그들을 외면하지 않았다. 학문적 책임을 함께 짊어지는 쪽을 선택하셨다. 행정적으로도, 학문적으로도 결코 쉬운 선택이 아니었을 것이다. 그러나 교수님은 연구실 문을 닫지 않았고, 자리를 비워주셨다.

안철 교수님은 학생을 '성과'로 대하지 않았다. 논문 이전에 사람을 보았고 이력 이전에 시간을 보았다. 그래서 그분의 결정은 한 제자의 학위를 살리는 일이 아니라, 한 연구의 계보를 끊지 않는 일이었다.

나는 그때 비로소 깨달았다.

학문은 개인의 성취로 완성되는 것이 아니라, 누군가 자리를 내어주었을 때 이어진다는 것을.

김진헌 교수님이 보여준 '끝까지 책임지는 학자'의 모습 위에, 안철 교수님은 '다음을 받아주는 학자'의 자리를 놓아주셨다. 그 두 분 사이에서 나는 다시 공부를 계속할 수 있었다. 그 선택 덕분에 학문의 길을 중간에서 놓지 않을 수 있었다.

안철 교수님은 내 인생에서 '박사과정을 허락해준 교수'가 아니라, 학문이 계속될 수 있도록 시간을 이어준 사람으로 남아 있다.

# 서강대학교 가톨릭학생회 '토마'

## 내 대학생활의 전부는 이 공동체였다

나는 서강대학교에 전자공학과 학생으로 입학했다. 그러나 돌이켜 보면, 나의 대학생활은 전공이 아니라 서강대학교 가톨릭학생회에서 이루어졌다.

가톨릭학생회의 주보성인은 토마스 아퀴나스였고, 우리는 이 공동체를 친근하게 '토마'라고 불렀다. 당시에는 여러 동아리에 가입하는 것이 자연스러운 시절이었지만, 나는 토마 하나만 선택했다. 그리고 그것으로 충분했다.

토마는 참 이상한 공간이었다. 치열했지만 따뜻했고, 엄숙해야 할 신앙 공동체였지만 늘 웃음과 술자리가 함께했다. 무엇보다도 사람이 많았다. 특히 전역한 선배들이 많았다. 그 선배들은 우리보다 경제적으로 나을 것이 없었지만, 이상하게도 늘 술값을 대신 내주었다.

그 시절, 내 하루 용돈은 정확히 1,000원이었다. 왕복 교통비 400원, 교내 짜장면 한 그릇 300원, 담배 청자 200원, 자판기 커피 100원. 그렇게 계산하면 하루는 끝났다. 문제는 술자리였다. 술자리에 가려면 기본적으로 1,000원이 필요했다. 내 하루 예산 전체였다.

그런데도 나는 1학년 내내 거의 매일 술을 마셨다. 돈은 늘 부족했는데 술자리는 늘 있었다. 지금 생각해도 설명이 잘 되지 않는다. 아마도 많은 선배들이 말없이 보시를 했을 것이다.

토마는 단순한 친목이나 종교 동아리가 아니었다. 그곳은 민주화 운동의 중심부에 있었고, 마포경찰서 정보과의 요주의 대상 동아리였다. 가톨릭대학생연합회(PAX) 활동을 통해 다른 대학의 학생들과도 자연스럽게 교류했다. 당시 서부지구에 속했던 서강대, 연세대, 이화여대, 홍익대, 명지대, 서울간호전문대 등 많은 캠퍼스의 가톨릭학생회 친구들과 교류했다. 우리는 신앙을 이야기했고, 정의를 이야기했으며, 현실의 부조리를 토론했다.

기도와 토론은 자연스럽게 이어졌고, 토론은 곧 행동으로 이어졌다. 학내 집회, 가두 시위, 연대 집회. 누군가는 빠지고, 누군가는 잡혀갔고, 누군가는 다음 날 다시 수업에 들어갔다.

1987년 6월 10일. 대학원 입학시험이 있었다. 나는 오전에 시험을 보고 오후에는 거리로 나갔다. 그것이 특별한 선택이라고 생각하지 않았다. 그저 그렇게 해야 한다고 믿었다. 그 이전 학점 미달, 병역특례 취소, 끝없이 쌓여가는 'F'학점의 누적보다 더 두려웠던 것은 그 모든 불이익보다 정의를 외면하는 것이었다.

토마는 나에게 신앙이 무엇인지 가르쳐준 곳이 아니다. 오히려 신앙이 삶에서 어떻게 흔들리고, 정치와 어떻게 충돌하며, 그래서 어떻게 책임으로 남는지를 몸으로 겪게 한 곳이었다.

우리는 완벽하지 않았다. 과격했고, 서툴렀고, 때로는 지나쳤다. 그러나 혼자는 아니었다. 토마에는 언제나 함께 마음을 나눌 사람이 있었고, 함께 술을 마셔 줄 사람이 있었으며, 함께 거리로 나갈 사람이 있었다.

지금 돌아보면, 서강대학교 가톨릭학생회는 내 인생에서 경험한 하나의 동아리가 아니라 내가 살아갈 삶의 방식을 배운 곳이다. 나는 그곳에서 신앙인이 되었고, 민주시민이 되었으며 끝내 어떤 선택 앞에서도 '모른 척하지 않는 사람'이 되었다.

그리고 그것이 내 대학생활의 전부이자, 이후 40여 년 삶의 모습이다.

# 박종부 선배

## 노래로 시대를 가르친 사람

대학생활 동안 나는 많은 선후배들을 만났다.

대학생활을 길게 하다 보니 77학번 선배부터 89학번 후배들까지, 같은 시간과 같은 공간에서 부딪치며 지냈다. 복학해서 돌아온 선배들은 언제나 술값이 부족한 후배들의 술고픔을 해결해주었고, 한두 기수 위의 선배들은 우리를 가르치며 민주시민이자 민주투사로 키워주었다.

박종부 선배를 처음 만난 것은 1983년 여름, 농촌 봉사활동을 준비하던 7월 초였던 것으로 기억한다.

박종부 선배(오른쪽에서 두 번째 인물)

우리는 농촌의 열악한 현실을 토론하고 산업화에 희생되어온 농촌의 본질적 문제를 토론하고, 농촌 봉사활동 기간 농민들과 어울리기 위해 민요를 배우고 있었다.

그때 말년 휴가를 나온 한 선배가 조용히 우리 앞에 나타났다. 그는 아무 말 없이 칠판 앞으로 가더니 무언가를 적기 시작했다.

눈빛이 범상치 않아, 1학년이던 우리는 숨을 죽이고 그 모습을 지켜보았다. 선배가 칠판에 적은 것은 노래 가사였다. 모두 적은 뒤, 그는 딱 한마디만 했다.

"이 노래를 모두 다 배우도록."

우리는 아무 말도 하지 못한 채, 선배가 불러주는 대로 한 소절씩 따라 불렀다.

"사랑도 명예도, 이름도 남김없이……."

그때 배웠던 노래는 일생 동안 가장 많이 부른 노래가 되었다. 평생을 불렀고, 2024년 12월 3일 이후 여의도와 광화문 광장에서 다시 불렀던 노래, 〈님을 위한 행진곡〉이었다. 그 노래를 처음 우리에게 가르쳐준 사람이 바로 박종부 선배였다.

가을 학기에 복학한 박종부 선배는 학교 앞 하숙집에 머물렀다. 그 하숙집은 서강대 가톨릭학생회 선후배들이 모이는 일종의 거점 같은 곳이었다. 술을 마시고 막차를 놓치면 우리는 의례처럼 그곳으로 향했다. 하숙생보다 두 배 넘는 인원이 한꺼번에 자곤 했다.

마음씨 좋은 하숙집 아주머니는 늘 아침밥을 넉넉히 준비해주셨다. 가끔은 너무 떼로 몰려온 우리에게 핀잔을 주시기도 했지만, 다음 날 아침은 어김없이 챙겨주셨다.

그러던 어느 날, 우연히 박종부 선배의 동생과 인사를 나눈 적이 있다. 우리와 나이가 같았고 재수를 준비하던 친구였다. 재수생이라 술자리에 함께하지는 못했지만, 참 순진하고 해맑아 보이던 얼굴이었다.

그 친구가 박종철이었다.

그저 스쳐 지나간 인연이었지만, 박종철의 소식을 다시 들은 것은 1987년 1월이었다.

서울대학교 인문대학 언어학과 84학번.

그리고 곧이어 들려온 그 말들.

"종철아, 잘 가그래이…… 아버지는 아무 할 말이 없데이……."

"종철이를 살려내라!"

박종부 선배는 1980년 5·17 비상계엄 전국 확대 조치가 내려진 해, 11월 '서강대 유인물 사건'으로 두 차례 체포된 뒤 1981년 3월 군에 강제 입대했다. 선배가 복학한 후 우리는 숱한 술자리를 함께했다. 선배는 매우 엄했지만 동시에 짓궂은 성격이었고, 그래서 후배들이 많이 따랐다. 화학공학과 출신이던 선배는 나를 늘 '꽃섭'이라고 불렀다. 아마 친동생과 나이가 비슷한 후배라 더 친근하게 느끼셨던 것 같다.

박종부 선배는 이후 평범한 직장생활을 하셨다. 한때 도봉동에 있던 인켈에서 근무하셨는데, 병역특례 문제로 어려움을 겪던 내가 인켈 입사를 알아보던 시절, 우연히 그 인연이 다시 이어졌다. 면접이 끝나고 합격 통보를 받아 다음 날 건강검진을 받으라는 연락이 왔다. 그 소식을 전하자, 선배는 크게 화를 내셨다.

"야, 네가 여길 왜 오려고 하냐."

눈앞의 병역특례보다 내 미래를 먼저 생각하며, 절대 이곳에 오지 말고 더 큰 곳을 보라고 하셨다. 지금 돌아보면, 그때의 그 말은 내 인생에서 꽤 중요한 조언이었다.

평범한 직장인으로 살아가던 박종부 선배의 삶은, 종철이의 죽음 이후 크게 바뀌었다. 그는 민주화 열사 유가족이 겪어야 했던 고통과 책임 그리고 그 이후의 삶을 온몸으로 살아낸 사람이 되었다. 박종부 선배는 그렇게, 유가족 운동의 상징적 인물로 남았다.

# 장경영
# 선배

## 평범하지만
## 범접할 수 없던 아우라

헤아릴 수 없을 만큼 많은 에피소드를 남긴 선배였다.

겉으로는 평범해 보였지만, 쉽게 다가설 수 없는 아우라가 분명히 존재하던 사람. 장경영 선배는 그런 인물이었다.

밤새 술을 마시고도 잠자리가 마땅치 않던 시절, 우리는 서강대학교 메리홀, 그러니까 성당이 있는 그 건물 2층에 몰래 들어가 자곤 했다. 어느 날은 메리홀 벽을 몰래 오르다 떨어진 선배가 얼굴에 큰 상처를 입은 적도 있었다. 다음 날 아침, 얼굴이 퉁퉁 부어 피범벅이 된 선배를 보고 모두가 놀랐던 기억이 아직도 선명하다.

장경영 선배와 자취방 친구들

메리홀에는 미사주가 늘 비치되어 있었다. 부족한 술을 보충하겠다며, 축성되지 않은 포도주(당시 마주앙)를 몰래 꺼내 마신 짓궂은 추억도 장경영 선배와 함께였다. 온갖 말썽과 장난에 늘 함께하던 선배였지만, 그 누구보다 세상을 냉정하게 바라보던 사람이기도 했다. 동시에, 스스로 가장 어렵고 힘든 삶을 선택해 개척해나간 인물이었다.

나의 대학 생활은 청소년시절과 비교해 나아지지 않았다. 대학 1학년 때는 어머니와 함께 인천 부평에서 살았지만, 군 제대 후 돌아온 형과의 갈등으로 결국 집을 나와야 했다. 이후 친구 황정호의 자취방, 성인택 선배의 자취방 등을 전전하며 대학 생활을 이어갔다.

대학 4학년 무렵, 도저히 거처를 구할 수 없어 학교 학부 조교실에서 숙식을 해결하던 시기가 있었다. 그때 장경영 선배가 선배 여섯 명이 함께 살던 자취집을 소개해주었다. 돈 한 푼 없던 나를 사실상 선배가 거두어준 셈이었다. 서강대 후문 근처 방 한 칸에 여섯 명이 함께 기거했다. 모두 군 제대를 마치고 졸업을 앞둔 선배들이었고, 나는 막내였다.

그곳에서 1년이 넘는 시간을 함께 살았다. 돌이켜보면 대학 시절 가장 안정적인 생활을 했던 시기였다. 선배들은 졸업과 함께 취업을 하며 하나둘 자취방을 떠났고, 나는 학생을 가르치는 과외 아르바이트를 시작하며 비교적 안정적인 수입을 얻게 되었다. 그렇게 월세방이었던 그 자취방은 결국 어머니와 함께 사는 공간이 되었고, 나는 약 3년간 어머니와 함께 살 수 있었다.

장경영 선배는 서강대학교 경영학과 80학번이다. 졸업 후 전국경제인연합회에 취업하며, 누구나 부러워할 만한 길을 걷는 듯 보였다. 그러나 선배는 그 길에 머무르지 않았다. 우리마당에서 장구를 함께 배우기 시작한 것도, 사실은 개인적인 미래를 준비하기 위한 선택이었다. 그는 젊은 나이에 안정적인 직장을 내려놓고 농촌으로 돌아갈 준비를 하고 있었다.

봉천동 산동네에 살던 선배는 혜화동에서 전통 술집을 운영하기도 했다. 연대 앞에서 전통술집을 운영하던 김상원 선배, 서울대 법대를 졸업하고 농촌으로 귀농한 김중섭 그리고 장경영 선배. 이들은 결국 모두 농촌으로 돌아갔다. 처음에는 서산에 자리를 잡았고, 지금은 문경에서 농사를 짓고 있다. 얼마 전 건강이 악화해 큰 수술을 받았지만, 선배의 모습은 여전히 그때 그대로였다.

부인 허영실 선배는 82학번으로 나보다 한 살 위 선배였다. 내가 어려울 때 허영실 선배의 부모님은 여러모로 나를 챙겨주셨다. 그 은혜를 나는 아직도 갚지 못했다.

2024년 가을, 영등포에서 김정대 신부와 함께 오랜만에 장경영 선배를 만났다. 큰 수술을 겪은 탓에 얼굴은 많이 수척해졌지만, 넉살 좋은 웃음과 구수한 말투는 여전했다. 긴 시간이 순식간에 지나갈 만큼 정겨운 자리였다. 우연히 옆 테이블에 앉아 있던 노사모 후배, 한창민 의원(사민당 대표)과도 격의 없이 이야기를 나누는 모습이 참 선배다웠다.

고마움을 잘 표현하지 못하는 내 성격 탓에, 나는 늘 선배에게 빚진 마음으로 살아간다.

누구도 그 사람의 삶을 그대로 따라갈 수는 없다.

하지만 그와 비슷한 삶을 꿈꾸거나, 아니면 그를 기억하며 내 삶을 되돌아보는 것만으로도 나는 충분한 위안을 얻는다.

# 김정대 신부

## 조용한 사람의 결심, 현장으로 가는 길

김정대 선배는 서강대학교 물리학과 81학번이었다.

성격은 매우 조용하고 진지했다. 요즈음 아이들 표현으로 '진지충'이었다. 같은 이공계 선배여서 친근함이 더했지만, 81학번 선배들 가운데서 눈에 띄는 선배는 아니었다. 83학번인 우리가 81학번 선배들과 자주 교감하게 된 이유는, 학생회 지도부였던 81학번 선배들이 '토마조'라는 토론 모임을 주도하고 있었기 때문이다. 다만 김정대 선배가 그런 역할을 맡지는 않았다.

그럼에도 선배는 신입생들이 모인 술자리에는 자주 함께해주었다. 말수가 적고 늘 조용했기에, 떠올릴 만한 강한 에피소드가 많지는 않다. 다만 선배의 '조용함'은, 시간이 흐를수록 사람을 오래 붙드는 묘한 매력이 있었다.

83학번 동기 김요안이 입대한 때는 1985년 8월이었다. 김정대 선배는 김요안보다 한 달쯤 늦게 입대했다. 공교롭게도 둘은 인근 지역으로 자대 배치를 받았다. 우리는 김요안을 면회 가는 길에 김정대 선배까지 함께 면회했고, 운 좋게 외출 허가도 받았다. 한 달 먼저 입대한 김요안은 거의 병장 같은 분위기였는데, 김정대 선배는 완전히 신병의 모습이었다. 마치 '아기 병정' 같았다.

그때 나는 군대에서 나이는 별 의미가 없다는 걸 어렴풋이 배웠던 것 같다. 중요한 건 누가 먼저 들어갔느냐였다. 훗날 나 역시 늦은 나이에(비록 방위였지만) 입대를 했고, 고참들이 얼마나 어른스럽고 무서운지 절감했다. 시간이 흘러 그들이 스물한두 살이었다는 걸 알았을 때, 헛웃음이 나오기도 했다. 친해지고 나니 오히려 그들이 나를 '형'이라고 부르기도 했는데, 나이 차이가 있으니 그럴 수밖에 없었을 것이다. 게다가 방위는 퇴근을 한다. 밖에 나와서까지 군대식 관계를 계속 유지하기란 쉽지 않았을 것이다.

김정대 선배는 서강대 물리학과를 졸업한 뒤, 1988년부터 1989년까지 2년간 인천 부평공단의 한 반도체 부품회사에서 엔지니어로 일했다. 그는 노조에 가입할 수 없는 관리직이었다. 사용주가 기대한 역할은 분명했을 것이다. 노조가 파업하면 '구사대'가 되어주는 것. 그러나 선배는 그 기대와 달리 노조원들과 함께 동조 파업에 나섰다고 한다. 그 일로 한 달간 출근 정지를 당했고, 결국 회사를 그만두었다.

그 선택 이후 선배는 삶에 대해 깊이 고뇌했고, 1990년 2월 예수회 수도원에 입회했다. 우리는 전혀 눈치채지 못했다. 워낙 조용한 사람이었고, 조용히 결심하는 사람이었기 때문이다.

김정대 선배는 1996년까지 호주에서 예수회 신학원 과정을 밟았다. 그곳에서 어느 예수회 본당공동체를 방문했을 때의 일이 선배에게 오래 남았다고 한다. 한 남자가 직접 요리를 하고 손님들에게 서빙까지 하고 있었는데, 나중에 알고 보니 그 사람이 바로 공동체의 원장이었다는 것이다. 사제의 권위를 앞세우기보다, 공동체를 위해 몸을 낮추는 방식으로 사람들 사이에 있는 그 모습이 깊은 인상을 남겼다고 한다. 사제로서 선배가 살아갈 미래를 본 것이다.

몇 년의 수련을 거쳐 그는 예수회 신부가 되었다. 보통 예수회는 수련 과정 중 신학이나 종교학 등 학문적 훈련을 병행하고, 이후 서강대로 돌아와 교수직을 맡거나 사목 활동을 이어가는 경우도 많다. 그러나 김정대 신부는 다른 길을 택했다. 정일우 신부, 프라이스 신부, 박문수 신부 등 앞선 이들이 걸었던 길을 이어 노동사목을 선택했고, 스스로 현장으로 들어갔다. 그리고 지금까지도 지역 현장에서 노동사목을 이어가고 있다. 말 그대로, 그 길을 '계속' 걷는 사람이다.

예수회 입회 뒤, 그는 가톨릭노동청년회에서 간사로 활동하던 시절(1994년 10월) 서울 영등포 문래동의 한 공장에서 일한 적이 있다. 스테인리스 원판에 광을 내는 일은, 육체노동을 해본 적 없는 그에게 감당하기 쉽지 않았다고 한다. 공장에서 집으로 돌아가는 버스 안에서 피곤에 곯아떨어지곤 했다는 말이 이상하게도 마음에 남는다.

그는 함께 일하던 노동자들과 어울렸다. 여덟 명의 동료들과 술잔을 기울이고, 노래방에서 〈남행열차〉를 부르며 시간을 보냈다. 그리고 그가 6개월 뒤 회사를 그만둘 때까지, 그는 아무에게도 자신의 신분을 말하지 않았다. '위장 취업'이었지만, 그 체험은 계급장과 역할이라는 위장을 벗고 사람들 속으로 들어갈 용기를 배우는 시간이 되었다고 한다.

그의 사목은 이후 인천에서 시작되었다. 인천 부평구 십정동, 1호선 동암역 근처의 생맥주집 '삶이 보이는 창'. 그곳은 부평·주안공단·남동공단에서 퇴근하는 노동자들과 인천 지역 NGO 활동가들이 찾는, 말 그대로 노동자들의 쉼터였다.

김정대 신부와 이진현 수사가 로만칼라를 벗고 웨이터처럼 서빙을 했고, 때로는 아예 손님 테이블에 앉아 합석을 하며 술을 권하

김정대 신부

고 말상대가 되어주었다. '신부가 술집에서 서빙을 한다'라는 사실이 특별해서가 아니라, 그 방식이야말로 그가 선택한 노동사목의 태도였다는 점에서 오래 기억된다.

김정대 신부는 지금도 요리를 한다. 저녁에는 남성들을 위한 요리 교실 프로그램을 운영한다. 시작은 단순한 요리 실습이었지만, 그가 그 안에서 발견한 것은 요리 자체가 아니라 '자존감이 살아나는 순간'과 '감정이 말로 풀리는 시간'이라고 한다. '자신감을 얻었다', '가족들이 신기해했다' 같은 짧은 소감들 속에서, 그는 사람들이 스스로의 감정이 올라오는 순간을 알아차리고, 타인의 반응을 받아들이는 경험이 얼마나 중요한지 확인했다고 한다. 그래서 그는 요리 이후의 소감 나눔을 대수롭지 않게 넘기지 않는다. 표정을 들여다보게 하고, 마음을 말로 옮기게 한다.

그가 자주 제안하는 해법 중 하나는 '수다'다. 일과 정치, 경제 얘기만 하느라 정작 자기 감정은 드러내지 못하는 남성들에게, 작고 사적인 말들이 필요하다는 것이다. 서로의 감정(그의 표현대로는 '갈망')이 충분히 공유될 때 비로소 관계가 생기고, 그 관계가 삶을 지탱하는 힘이 된다는 판단이다. 그래서 요리 교실의 규모도 크지 않게, 많아야 여섯 명 정도가 적당하다고 한다. 촘촘한 대화가 가능해야 하니까.

그는 '약함을 드러낼 수 있는 것이 오히려 강함'이라고 말한다. 취약함을 나눌 때 친밀해지고, 자신이 약하다는 사실을 인정할 때 타인을 사랑할 수 있으며, 신앙도 그 자리에서 시작된다고. 신앙은 우리를 '마술 같은 도시'로 데려가는 것이 아니라 오히려 세상을 있는 그대로 직시하게 만들고, 그 안에서 하느님의 뜻을 어떻게 따를지 보게 하는 힘이라고 그는 말한다.

나는 김정대 선배를, 눈에 띄지 않던 조용한 사람으로 기억한다. 그런데 시간이 흐를수록 분명해진다. 그 조용함은 성격이 아니라 방식이었다. 말을 크게 하지 않고, 존재를 과시하지 않고, 대신 오래 버티는 방식. 김정대 신부는 그렇게, 조용한 결심으로 현장에 들어가 평생을 그 자리에서 살아가는 사람이 되었다.

# 김요안

## 변함없이 응원해주며
## 나의 삶에 긍정을 심어준 친구

1983년 서강대학교 전자공학과에 입학했다.

당시 서강대학교에서는 전국에서 유일하게 교외에서 신입생 오리엔테이션을 했다. 우리는 수안보에 있는 콘도에서 신입생 오리엔테이션을 했다. 오리엔테이션 하는 중에 가톨릭 학생들의 별도 모임이 마련되었다. 그 모임에는 20여명의 가톨릭신자인 신입생들이 함께했다.

그때 처음으로 평생 친구인 김요안을 만났다. 화학공학과 83학번. 우리는 공대이다 보니 교양수업을 거의 함께 들었다. 그리고 서강 가톨릭학생회 '토마'에 함께 가입을 하게 되었다.

재수를 한 김요안은 뭐든 나보다 능숙했다. 사실 담배도 김요안에게 배웠다. 그는 담배를 끊은 지 십 년은 족히 넘었지만, 난 아직 금연을 못하고 있다.

그는 모든 사람들의 사랑을 받는 사람이다.

어떤 모임이든 모임 유지를 위해 서로를 연결해주는 사람. 흔한 말로 총무 역할을 하는 사람이 꼭 존재한다. 그런 사람이 없다면 그 모임은 쉽게 사라진다. 서강 가톨릭학생회가 아직도 선후배들이 함께 만나 토마 모임을 할 수 있는 것은 평생총무 김요안 덕분이다. 이는 그가 진심으로 사람을 사랑하기 때문이다.

대학생활 동안 그와는 헤아릴 수 없는 에피소드를 양산했다. 결코 칭찬받을 만한 이야기는 아니지만 우리에게는 좋은 추억으로 남은 이야기들이다.

1984년 가을, 나는 서강 가톨릭학생회 '토마'의 학생회장을 했다. 모든 일에 능숙했던 김요안이 총무부장을 맡았다. 동아리실 게시판의 천이 낡고 색이 바래 있었다. 학생회비 일부를 사용해 게시판 교체를 결정했다. 그 일은 총무가 담당하는 일이다.

일주일 후 게시판은 깔끔하게 교체가 되었다. 모두들 총무에게 수고했다고 말을 건넸다. 그런데 한참 칭찬을 듣던 그가 고백한다. 사실은 그 돈을 후배들과 술자리에서 술값이 부족해 술값으로 사용

김요안과 심화섭

했다고. 그는 게시판의 천을 뒤집어 만들었다고 고백한다. 우린 그렇게 웃어넘겼다. 아무렴 어때, 보기에 깔끔하면 됐지.

한번은 친구 주우정(경제학과 83)이 등록금 분납금을 김용배에게 대신 납부를 부탁하고 고향인 대구로 내려갔다. 김용배는 자기도 군산으로 내려가게 되어 그 돈을 나에게 맡겼다.

그게 사단이었다. 해남에 사는 친구 김용훈이 해남에 여행 오라는 연락이 왔다. 내려오기만 하면 자기 집에서 숙식이 가능하니 비용은 걱정하지 않아도 된다는 말과 함께.

김요안과 나는 해남까지 갈 교통비(완행열차)가 없었다. 우리는 결정했다. 주우정 분납금에서 기차비용만 사용하기로 했다. 당시 학부조교를 하던 나에게 지급될 알바비(당시 5만원)가 있으니 돌아와 보충하면 되기에 걱정은 아니었다. 그렇게 우리는 광주행 완행열차를 탔다. 광주에 도착하니 엄청난 눈이 내리고 있었다.

세상일은 계획대로 되지 않는다. 해남을 거쳐 멀리 땅끝까지 다녔던 이 여행의 모든 비용은 오로지 주우정의 분납금에서 충당하게 되었다. 결국 여행을 마치고 서울에 도착했을 때 수중에 남은 돈은 고작 12,000원이었다. 친구 분납금을 모두 날렸으니 앞이 캄캄했다. 다른 친구들의 십시일반 도움으로 분납금을 간신히 메꿀 수 있었다.

곱씹어보면 참 생각 없이 살았다. 그래도 누구도 인정하지 않겠지만 나름 낭만이 있었고, 김요안과 나는 지금도 그때 일을 이야기할 때면 즐겁기만 하다. 이렇게 우리의 대학생활은 엉망인 듯 사고의 연속이었다. 아, 그때 풀 서비스를 약속했다가 우리에게 악몽을 선사한 김용훈은 그때를 속죄하는 양, 매번 밥을 산다.

김요안, 나는 매사 긍정적인 그가 좋다. 그리고 한결같이 응원을 보내주는 그에게 감사한다. 오늘도 총무 김요안의 연락을 받고 서강 가톨릭학생회 연말 모임에 나간다.

# 류달현 신부와 현우석 신부

## 길 위에서 만난 두 후배, 아니 두 사제

나는 학부에 이어 대학원까지 휴학 없이 학업을 이어갔다. 그러다 보니 서강대학교 가톨릭학생회에서 77학번 선배들부터 거의 90학번 후배들까지, 참으로 넓은 세대의 인연을 맺게 되었다.

그중에서도 88학번은 내게 특별한 후배들이었다. 나와 다섯 살 차이. 군대를 다녀와 복학생으로 마주치기 딱 좋은 학번이다.

경제학과 88학번, 류달현과 현우석. 내가 대학원 2학기를 보내던 무렵, 이들은 학부 신입생으로 들어왔다. 비록 나는 대학원생이었지만 가톨릭학생회 후배들과 자주 술자리를 가졌다. 내가 술을 좋아했던 탓이 가장 컸을 것이다.

류달현 후배는 참 독특했다. 못생긴 듯 귀여운 얼굴이다. 이건 진심으로 하는 칭찬이다. 귀여움은 그의 타고난 입담과 유머 감각 덕분일 것이다. 그는 언제나 말로 좌중을 쥐락펴락했다.

반면 현우석은 말수가 적었다. 그가 가끔 던지는 말은 직설적이고 논리적이었다. 서로 다른 결의 두 사람이었지만, 이상하게도 늘 함께였다.

나와 함께한 시간은 길지 않았지만 참 가깝게 지냈다. 언젠가 한참 후배인 류달현의 집에 가서 놀러갔고, 류달현 누나들과 고스톱을 치며 수다를 떨 만큼 편했던 사이였다. 물론 이 모든 관계의 연결에는 친구 김요안이 있었기에 가능했을 것이다.

류달현과 현우석은 토마 활동뿐만 아니라 서울 가톨릭대학생연합회(PAX) 활동에도 적극적이었다. 치열하게 학생운동을 하던 운동권 학생이었다. 그렇게 학생운동에 매진하던 두 사람은 4학년 여름방학이던 1990년 8월 14일까지도 "가자 북으로, 오라 남으로!"라는 구호를 외쳤다고 한다.

그리고 그다음 날, 둘은 나란히 예비 신학교로 들어간다. 이미 입교 시기가 5개월이나 늦었지만 성소국장의 특별 배려로 들어갈 수 있었다고 한다. 그것도 서강대학교 경제학과 자퇴를 하고서.

그들의 신앙적 멘토였던 소 스텔라 수녀님은 대학을 졸업하고 신학교에 들어가라고 권유하셨다고 한다. 그러나 그들은 단호히 거절하고 자퇴를 택했다. 졸업을 하게 되면 신학교 생활과 사제 생활 중 어떤 어려운 순간이 왔을 때 '그래도 나는 먹고살 수는 있다'라는 분심이 남을 수 있으니, 그 가능성 자체를 아예 지우고 싶었다는 것이다.

당시 나는 군 복무 중이었다. 그래서 그들이 왜 그런 선택을 했는지, 왜 마지막 학기를 눈앞에 두고 신학교로 갔는지, 그 이유를 제대로 알지 못했다.

며칠 전, 류달현 신부의 사제서품 25주년 은경축을 맞아 서강가톨릭학생회가 축하 미사를 봉헌했다. 미사 후 뒷풀이 자리에서 비로소 그때의 이야기를 들을 수 있었다.

류달현 신부는 농담처럼 이렇게 말한다.

"솔직히 성적이 너무 안 좋아서 제때 졸업이 어려웠어요."

농담인지 진실인지는 신부님만 알 일이다.

그들의 신앙적 길잡이는 소 스텔라 수녀님이었다. 류달현 신부는 모태신앙으로, 어릴 적부터 성당에서 할 수 있는 거의 모든 활동을 했다고 한다. 그러나 단 한 번도 '신부가 되겠다'라는 생각은 해본 적이 없었다고 했다.

하지만 소 수녀님과의 오랜 신앙 상담 속에서, 그는 평생을 하느님의 종으로 살며 낮은 자로 살겠다는 결심에 이르렀다고 한다.

그들은 가톨릭대학 신학부에 들어가 서울교구 신부가 되었다. 허리가 좋지 않았던 현우석 신부는 1년 늦게 사제서품을 받아 내년에 은경축을 맞는다. 우리는 여전히 농담처럼 말한다. "현우석 신부는 학부 때 화염병을 너무 많이 던져서 허리가 안 좋아진 거 아니냐"라고.

그렇게 그들은 사제가 되었다.

서울대교구에서 경기북부 지역이 의정부교구로 분리될 때, 이 둘은 망설임 없이 의정부교구를 선택했다. 그 시기 많은 젊은 신부들이 의정부교구를 택했다. 그래서인지 의정부교구에는 상대적으로 젊고 진보적인 신부들이 많다.

내가 다니는 신곡1동 성당에 류달현 신부가 약 2년간 협력신부로 온 적이 있다. 덕분에 첫째 딸은 그에게서 첫영성체를, 둘째 딸은 유아세례를 받는 은총을 누렸다.

류달현 신부의 입담은 여전하다. 하지만 그는 단지 유머러스한 사제가 아니다.

성당이라는 공간에서 사제의 위상은 생각보다 크다. 많은 신자들이 무의식적으로 '신부의 말'을 절대화한다. 그만큼 권위가 집중된 자리다. 그러나 류달현 신부는 그 권위를 스스로 내려놓는 사람이다. 설거지가 있으면 함께 설거지를 하고, 청소할 일이 있으면 가장 먼저 빗자루를 든다. 처음에는 신자들이 당황했다고 한다. 성당에서 좀처럼 볼 수 없는 모습이기 때문이다. 요즘은 오히려 "왜 설거지 안 하시냐"라는 핀잔을 듣는다며, 웃으며 넋두리를 한다.

그는 말한다. 이런 태도는 서강 가톨릭학생회에서 경험한 신앙의 결과라고. 나는 그 말에 깊이 공감한다. 나 역시 지금의 나를 만든 많은 태도들이 그 시절 가톨릭학생회에서 비롯되었다.

류달현 신부와 현우석 신부는 의정부교구에서 본당 주임신부로 사목하면서도, 천주교 정의구현사제단과 정의평화위원회 활동을 병행하며 여전히 시국 미사와 연대의 현장에 서 있다. 학생 시절 품었던 애민(愛民)의 마음은 조금도 퇴색되지 않았다.

자신의 인생을 하느님의 쓰임에 온전히 맡기고, 세상의 평화와 인권을 위해 평생을 바친 두 사제.

나는 이 두 사람을 진심으로 사랑하고 존경한다.

# 소희숙
# 스텔라 수녀님

## 우리에게는
## 어머니 같았던 수녀님

소희숙 스텔라 수녀님은 단순히 서강대 교목실에서 만난 수녀님이 아니었다. 신앙의 갈림길에서 방향을 잡아주던 안내자였고, 약자의 편에 서는 것을 두려워하지 않았던 사목자였으며, 무엇보다 우리에게는 어머니 같은 존재였다.

수녀님을 떠올리면 자연스럽게 겹쳐지는 이미지가 있다. 영화 〈사운드 오브 뮤직〉 속 마리아 수녀처럼, 기타를 치며 사람들 사이로 스스럼없이 들어가던 모습. 소 수녀님 역시 언제나 학생들 한가운데 계셨다.

현우석 신부, 소희숙 스텔라 수녀, 류달현 신부(왼쪽부터)

소 스텔라 수녀님이 서강대학교 교목실에 근무하시면서 서강대 가톨릭학생회와의 인연이 시작되었다. 수녀님은 학생들을 위에서 이끄는 분이 아니라 항상 곁에서 함께 호흡하는 분이었다. 치열한 학생운동의 시대, 신앙과 현실 사이에서 흔들리던 많은 학생들에게 수녀님은 상담과 기도로 곁을 지켜주며 '기댈 수 있는 언덕'이 되어 주었다. 그래서였을 것이다. 학생들은 자연스럽게 수녀님을 신뢰했고, 그에 대한 존경과 사랑은 말이 아니라 태도로 드러났다.

소 스텔라 수녀님은 평양에서 태어났다. 부모님은 죽음을 무릅쓰고 월남한 분들이었고, 수녀님은 아기 때부터 실향민으로 살아야 했다. 실향민 2세의 삶이었다. 큰외숙모가 성 베네딕도회 수녀였고, 어머니 역시 성 베네딕도회와 깊은 인연을 갖고 계셨다. 그 영향으로 수녀님의 선택은 아주 자연스러웠다. 포교 성 베네딕도회. 당시에는 대구에 있던 베네딕도회로 입회하셨다.

수녀님은 주로 특수사목의 길을 걸었다. 1970년대 엄혹한 시절, 대구 가톨릭대학생연합회를 지도하며 '파스카 성소 모임'이라는 가톨릭 대학생 성소 모임을 만들고 직접 이끌었다. 이후 늦깎이 학생으로 서강대학교 철학과(79학번)에 입학했고, 미국 세인트루이스대학교에서 종교학 석사학위를 받았다. 그 뒤 서강대학교 교목실에서 본격적인 사목을 이어갔다.

수녀님의 사목은 언제나 현장에 있었다. 인도와 아프리카 우간다에서 6년간 선교 활동을 했고, 상지피정의 집과 사회사목 등 다양한 영역에서 사목을 이어갔다. 수많은 영성 강의와 피정 지도를 맡았지만, 그분의 신앙은 결코 강의실에 머물지 않았다.

수녀님은 사회적 약자들과 함께하는 자리에도 늘 계셨다. 2014년, 당시 예순여섯의 나이로 제주 강정 해군기지 반대 활동에 참여하다 기소되어 재판을 받았다. 한국 천주교 역사상 수녀가 사회운동으로 기소된 첫 사례였다. 그러나 수녀님은 담담히 말했다. 사회 현장에서의 활동은 주님의 도구로서 하는 일이기에 두렵지 않았고, 해야 할 일을 하는 것이기에 오히려 힘이 났다고.

수녀님은 늘 분명하게 말했다.

"사실 이웃이 누구겠어요. 나 말고 내 주변 사람들이잖아요. 그 이웃들을 모두 더하면 사회가 되고, 국가가 되는 겁니다. 엄밀히 말하면 이웃사랑은 사회정의 구현과 하나입니다."

그러면서 "이웃은 사라지고 사랑만 강조되는 종교의 모습을 본다"라고 했다. 이웃사랑은 현실적이고 실천적인 것이며, 사회정의 구현과 맞물려 예수님의 사명이었던 사랑과 정의가 강물처럼 흐르는 하느님 나라를 이 땅에 세우는 출발점인데, 이웃은 없고 사랑만 말하면 교회는 관념적이 되고 짠맛을 잃은 소금이 된다고 했다.

기도에 대해서도 수녀님은 단호했다.

"기도나 하라는 말은 축복이나 빌고 제사나 드리는 무당이 되라는 말과 다르지 않습니다. 현실과 신앙을 분리시키는 모습은 예수님이 가장 강하게 질타했던 태도입니다. 타성에 젖은 신앙은 힘이 없습니다."

시국미사에 대해서도 이렇게 말했다.

"나도 시국미사 나가고 싶지 않아요. 하지만 해야 하기 때문에 하는 겁니다. 이 세상이 정상적으로 돌아갈 때까지는 해야 합니다."

수녀님은 53년간 수도생활을 하셨고, 지금은 포천의 '분도마을'에 계신다. 은퇴한 많은 수녀님들과 함께 조용한 시간을 보내고 있지만, 우리에게 수녀님은 여전히 현재형이다. 류달현 신부와 현우석 신부의 성소 여정에도 결정적인 영향을 준 분. 사십 년이 지난 지금도 우리는 여전히 소 수녀님과 함께하고 있다.

《그분을 향한 별의 노래》, 《지금 나의 삶은 아름다운가?》라는 저서는 수녀님의 삶과 신앙이 어떤 결의 것이었는지를 조용히 증언한다.

소희숙 스텔라 수녀님. 우리에게 신앙은 도피가 아니라 책임임을, 기도는 현실로부터 도망치는 길이 아니라 현실로 더 깊이 들어가는 용기임을, 말이 아니라 삶으로 보여주신 분이다.

3장

# Fellow

## 시대의 부름에 응답하다

사회인으로 첫발을 내딛으며 새로운 인연들을 만난다. 직업 세계에서의 도전과 함께, '노사모' 그리고 정치의 길에서 만난 사람들 내 삶을 민주화와 교육을 향한 소신으로 채워가던 나는, 노무현 전 대통령을 통해 '정치'라는 또 다른 소명의 길을 만났다.

그 무렵 노사모를 만났고, 그 인연은 나를 정치의 길로 이끌었다. 노무현 전 대통령은 정치가 멀리 있는 권력이 아니라, 시민의 삶과 맞닿아 있는 실천임을 보여주었다. 나는 그를 통해 '정치'라는 또 하나의 소명을 발견했고, 민주화와 교육을 향한 나의 오래된 문제의식은 보다 분명한 방향을 갖게 되었다.

노사모 활동에서 시작해 정당 활동으로 이어지는 과정 속에서, 나는 수많은 동지와 리더들을 만났다. 각기 다른 배경과 생각을 지닌 사람들이었지만, 시대의 변화를 바란다는 점에서는 같은 자리에 서 있었다. 토론하고, 갈등하고, 때로는 좌절하면서도 우리는 다시 모여 다음을 이야기했다.

이 장에 등장하는 인연들은 나의 신념을 다듬어준 존재들이다. 그들과의 만남은 나를 흔들기도 했지만, 결국 더 단단하게 만들었다. 시대의 부름에 응답하려 했던 그 시간들은 지금의 나를 움직이게 하는 가장 현실적인 힘으로 남아 있다.

# 평생의 직장을 얻다

# 강신경
# 설립자 목사님

## 신앙과 교육에 평생을 바치신
## 하느님의 종

나는 의정부에 위치한 신한대학교 전자공학과 교수다. 1992년, 스물일곱의 나이에 전임강사로 첫 발령을 받은 이후 어느덧 33년의 시간이 흘렀다. 말 그대로 이곳은 나의 평생직장이 되었다.

돌이켜보면, 처음부터 대학교수가 삶의 목표였던 것은 아니었다. 당시 나는 전자부품연구원 연구원이자 창립 멤버로 일하고 있었고, 연구자의 길을 계속 걸을 것이라 생각했다. 교육자는 전혀 상상해본 적 없는 직업이었다.

1992년 가을학기, 신한대학교의 전신인 신흥대학 전파통신과

신흥재단 설립자 강신경 목사

에서 강의 요청이 들어왔다. 서강대학교 전자공학과 1년 선배인 강인호 교수가 〈전기자기학〉 과목 강의를 요청받은 것이 계기였다. 그렇게 1992년 9월, 나는 처음으로 신한대학교와 인연을 맺게 되었다.

2주차 강의를 마치던 어느 날, 당시 교무처장 민경찬 교수님으로부터 면담 요청을 받았다. 면담 자리에서 교수님은 뜻밖에도 신한대학교로의 이직을 제안하셨다. 나는 적잖이 당황했다. 그때까지도 '대학교수'라는 자리는 내 인생의 선택지에 없었기 때문이다.

나는 솔직하게 말씀드렸다. 경제적으로 학교에 기여할 여력이 없고, 종교 역시 천주교 신자라는 점을 밝혔다. 기독교 재단인 신한대학교는 당연히 기독교 신자를 교수로 선발할 것이라고 생각했기 때문이다.

그러자 민경찬 교수님은 웃으시며 이렇게 말씀하셨다.

"우리 학교는 교수 채용시 기부를 받지 않습니다. 그리고 학생들에게 좋은 선생님이라면 종교를 기준으로 삼지 않습니다."

그리고 이어서 강신경 설립자 목사님의 삶에 대해 들려주셨다.

강신경 목사님은 평안도 출신으로, 일찍 남하해 목회 활동을 하셨고 한국전쟁 당시에는 군목으로 복무하셨다고 한다. 전쟁 이후에는 수많은 전쟁 고아들을 돌보며 교회를 개척했고, 아이들에게 교육이 필요하다는 절박한 현실 속에서 교육 사업을 시작해 지금의 신흥재단을 세우셨다는 이야기였다.

전해지는 이야기 중 하나는 특히 깊은 울림을 주었다. 디프테리아 예방주사를 놓아야 하는 상황에서 자신의 아들과 고아 중 한 명을 선택해야 했던 순간, 그는 아들이 아닌 고아를 택했다고 한다. 그 결정으로 셋째 아들을 잃었다는 이야기이다.

목회자로서, 인간으로서 감당하기 어려운 선택이었을 것이다. 그러나 그 선택의 무게 위에서 강신경 설립자 목사님의 선교, 복지,

교육 사업은 이어졌다. 오늘날 그의 뜻은 각 교회와 교육기관, 사회복지시설을 통해 수많은 후계자들에 의해 계속 이어지고 있다. 한 사람의 희생과 헌신으로 얼마나 많은 이들이 교육과 복지 그리고 신앙의 혜택을 누리고 있는지, 나는 지금도 그 사실 앞에서 고개를 숙이게 된다.

나는 그 이야기를 들으며 깊은 감동을 받았다. 비록 종교는 달랐지만, 한 사람의 신앙인으로서, 교육자로서 평생을 헌신하며 살아왔다는 사실은 내게 큰 울림으로 다가왔다.

그분과 같은 뜻 아래에서, 교육을 통해 세상에 작은 기여를 할 수 있다면 그 또한 충분히 의미 있는 삶이라는 생각이 들었다. 그래서 나는 교무처장님의 제안을 받아들이게 되었다.

솔직히 말해, 그분이 왜 나를 교수로 지목하셨는지는 지금도 알 수 없다. 하지만 그 선택 덕분에 나는 평생을 20대 젊은 학생들과 함께 배우고, 가르치며 살아가는 큰 축복을 누리게 되었다.

나는 캠퍼스에서 설립자 목사님의 모습을 종종 뵐 수 있었다. 늘 허름한 옷차림으로 학교 구석구석을 걸어 다니시며 학생들에게 불편한 점은 없는지 세심히 살피시던 모습이 지금도 선하다.

# 김병옥
# 총장님

## 조용하고 단단한
## 리더십

김병옥 총장님은 강신경 설립자 목사님의 부인이다.

그러나 이 한 문장만으로는 그분의 시간을 설명하기 어렵다. 전쟁 이후 설립자 목사님 곁에서 전쟁고아를 돌보고, 학교를 세우고, 운영하고, 지켜내는 일을 평생 함께해온 분이다. 말 그대로 학교의 역사와 삶을 설립자와 나란히 살아낸 사람이다.

나는 신흥대학 시절부터 김병옥 총장님의 모습을 뵈었다. 늘 조용했고, 앞에 나서기보다 뒤에서 학교를 살피는 분이었다. 신흥대학 총장으로 오래 재임하시며 학교의 크고 작은 변화의 순간마다 늘 그 자리에 계셨다.

2014년, 신흥대학과 한북대학교가 통합되며 신한대학교가 4년제 종합대학으로 새롭게 출범하던 해, 김병옥 총장님은 신한대학교의 초대 총장으로 취임하셨다.

통합은 겉으로 보기보다 훨씬 어려운 일이다. 학교의 문화와 역사, 사람과 제도를 새롭게 엮어야 하는 과정이기 때문이다. 그 출발선에서 총장님은 '대한민국 최고의 현장중심 인재 양성'이라는 분명한 방향을 제시하셨다.

그 말은 화려한 구호라기보다, 신흥대학 시절부터 이어져온 학교의 성격과 닮아 있었다. 이론보다 현장, 말보다 실천, 명분보다 학생. 그분의 교육관은 늘 그런 결로 이어져 있었다.

나는 교수로서 그분의 리더십을 가까이에서 지켜볼 수 있는 행운을 가졌다. 강한 언어로 이끄는 지도자는 아니었지만, 학교가 어디로 가야 하는지에 대해서만큼은 늘 분명했다.

설립자 목사님이 신앙과 결단으로 학교의 기초를 세웠다면, 김병옥 총장님은 그 기초 위에 학교의 일상을 단단히 올려놓은 사람이라고 나는 생각한다.

전쟁의 폐허에서 시작된 학교가 종합대학으로 자리 잡기까지, 그 시간의 상당 부분을 총장님은 묵묵히 감당해왔다. 눈에 띄는 성취를 말하지 않아도, 그분의 이름은 이미 학교 곳곳에 남아 있다.

나는 지금도 신한대학교를 생각할 때 설립자 목사님의 결단과 함께 김병옥 총장님의 시간을 함께 떠올린다. 앞에서 빛나기보다 곁에서 학교를 살린 사람. 그렇게 학교의 시간을 함께 걸어온 총장님이었다.

# 구효진
# 교수

## 평가의 최전선에서
## 함께한 동지

구효진 교수는 신한대학교 후배 교수다.

런던정경대(LSE)에서 심리학을 전공했고, 우석대학교에서 근무하다가 2016년 신한대학교로 옮겨 왔다.

그와의 본격적인 인연은 2018년, 내가 기획처장으로 재임하던 시기였다. 2014년 신흥대학과 한북대학교가 통합되어 신한대학교가 출범한 이후 대학은 약 6년간의 평가 유예를 받았고, 그 유예가 끝나자마자 기관평가인증과 기본역량진단평가를 연속으로 받아야 하는 상황에 놓였다. 문제는 대학의 틀이 아직 완성되지 않았다는 점이었다. 전문대 체제, 한북대 존치 학생, 새로 입학한 신한대 학생들이 한 대학 안에 공존하는 구조에서 수업권과 행정 체계는 복잡하게 얽혀 있었다. 게다가 신한대학교는 4년제 종합대학으로서 처음 기관평가인증을 받는 상황이었다.

이 평가를 총괄하는 자리가 바로 기획처장이었다. 그러나 나 역시 평가 업무는 처음이었고, 어디서부터 손을 대야 할지 막막했다. 누군가는 내가 기획처장을 맡은 일을 두고 '독배를 마셨다'라고 말할 정도였다. 평가를 통과하지 못하면 피해는 곧바로 학생들에게 돌아간다. 국가장학금과 재정지원, 대학의 존립과 직결된 문제였다. 내 삶에서 책임의 압박을 가장 강하게 느꼈던 시기였다.

집필진을 꾸리는 과정에서 구효진 교수를 만났다. 그는 이전 대학에서 평가 업무를 수행한 경험이 있었고, 집필뿐 아니라 그 내용을 증빙할 행정 구조를 이해하고 있는 사람이었다. 대학평가는 보고서만 잘 쓴다고 되는 일이 아니다. 모든 부서의 자료와 규정, 실적을 유기적으로 엮어야 하는 작업이며, 보고서 집필 이상으로 중요한 것은 부서의 협조였다.

나는 결단을 내렸다. 집필에 관한 전권을 구효진 교수에게 맡기고 평가위원장으로 추천했다. 나는 부위원장을 맡아 각 부서와의 소통과 협조를 책임지기로 했다. 모양이 좋지 않다는 말도 들었고, 기획처장의 위상에 흠집이 간다는 비아냥도 있었다. 그러나 중요한 것은 체면이 아니라 결과였다. 내 자존심보다 학생들의 권리가 먼저였다. 결론은 하나였다.

“일이 되게 하자.”

그렇게 구효진 교수를 중심으로 집필이 시작됐다. 6개월 동안 밤낮을 가리지 않는 작업이 이어졌다. 피를 말리는 시간이었지만, 동시에 신뢰가 쌓이는 시간이었다. 30여 년 교수 생활 동안 교직원과 이렇게 하나가 되어 일해본 적은 없었다. 우리는 각자의 역할을 정확히 알고 움직이는 팀이 되었고, 마침내 기관평가인증을 통과했다.

모든 평가를 마친 뒤, 구효진 교수는 내게 말했다.

“처장님 덕분에 여기까지 올 수 있었습니다.”

그러나 그 말은 내가 그에게 했어야 할 말이었다. 그렇게 나는 역할을 마치고 기획처장을 내려놓았다.

다음 해 대학은 다시 2주기 기본역량진단평가를 앞두고 있었다. 나는 이 작업에서 빠져 있었고, 구효진 교수는 안식년으로 영국에 가 있었다. 그러나 그는 영국에서 화상회의와 이메일로 평가 업무를 진두지휘했다. 하루에도 수십 통의 메일이 오갔고, 보고서는 완성되어갔다.

대면평가를 보름 앞두고 구효진 교수로부터 전화가 왔다. 평가단장을 맡아달라는 요청이었다. 나는 처음에 거절했다. 이미 새 기획처장이 있었고, 내가 전면에 나서는 것은 적절하지 않다고 생각했다. 그리고 평가단장은 대면평가의 모든 질문에 답을 해야 하는 부담이 클 수밖에 없는 자리였다. 그러나 그는 "지금 이 역할을 할 수 있는 사람은 처장님밖에 없다"라고 말했다. 결국 수락했다. 그 보름은 내 대학 생활 전체를 통틀어 가장 힘든 시간이었을 것이다. 밤낮없이 보고서를 외우다시피 읽어야 했다.

대면평가는 수원의 한 호텔에서 진행됐다. 20여 명의 심사위원 앞에서 약 한 시간의 질의응답이 이어졌다. 시간이 어떻게 흘렀는지 기억조차 나지 않는다. 결과는 조건부 승인. 그러나 우리는 최선을 다해 방어했고, 이후 교육부의 재정 지원이 이어졌다. 내 인생에서 가장 뿌듯한 순간 중 하나였다.

이후로도 우리는 3주기 기본역량진단평가, LINC 사업 등 약 5년간 평가 업무를 함께했다. 매년 평가를 받은 대학은 우리가 처음이었다. 그 과정을 거치며 젊은 교수들과 직원들은 전문가가 되었고, 이제 대외 평가를 두려워하는 사람은 아무도 없다.

이 모든 일의 중심에는 학생에 대한 책임이 있었다. 그리고 그 한가운데에 후배 교수 구효진이 있었다. 나는 그를 존경한다. 그는 주어진 일을 '열심히' 하는 사람이 아니라, 반드시 되게 만드는 사람이다. 아니, 그는 '일이 반드시 되게 열심히 만드는 사람'이다.

그의 열정은 때론 불편함을 낳고 비판의 대상이 되기도 한다. 그러나 변화와 혁신은 언제나 불편하다.

책임만 큰 일을 외면하면 나와 조직은 편하다. 그러나 학생들은 불편해진다. 누군가는 이 일을 해야 한다. 구효진 교수는 그 일을 피하지 않는 사람이다. 그와 함께 일할 수 있었던 것은, 내 교수 인생에서 가장 큰 행운 중 하나였다.

# 노사모

## 정치에 참여하다

# 노사모

노무현을 사랑하는 사람들의 모임

## '시민참여정치'의 여정

PC통신 시절, 나는 '흰구름'이라는 아이디를 썼다.

시간이 흘러 인터넷 커뮤니티에 가입할 무렵, 같은 의미를 조금 다른 방식으로 표현하고 싶어졌다. 한자로 바꿔보니 '백운(白雲)'. 너무 철학과 같은 이름이라는 생각이 들었다. 그때 문득 조정래 작가의 《태백산맥》에 등장하는 소화(素花)가 떠올랐다. 그래서 흰 구름에 '소(素)'를 붙여 '소운(素雲)'이라는 아이디를 쓰게 되었다. 그렇게 소운은 평생의 아이디가 되었다.

'흰구름'은 내게 특별한 기억이다. 더운 여름날, 뜨거운 햇볕 아래에서 말없이 그늘을 만들어 잠시나마 햇볕의 따가움을 덜어주던

2002년 노무현 후보 홈페이지 배너에 실린 큰딸 심채원

존재. 나는 그런 사람이 되고 싶었다. 그래서 심화섭은 '흰구름' 같은 삶을 살고자 했고, 그렇게 '소운(素雲)'으로 살아왔다. 어떤 이들은 나를 작은 사람이라며 '작은 구름'쯤으로 여겼던 것 같지만, 그 또한 나쁘지 않았다.

소운이라는 아이디로 처음 가입한 인터넷 커뮤니티가 바로 노사모였다. 노무현을 사랑하는 사람들의 모임. '노무현을 사랑하는 사람들(노사모)'는 정치인 노무현이 2000년 4월 13일 제16대 국회의원 선거에서 새천년민주당 후보로 부산 북강서을 지역구에 출마했으나 낙선하자, 이를 안타깝게 여긴 네티즌들이 인터넷을 통해 만들었다. 처음 만들어질 당시는 정치판을 지배하던 지역주의에 대해 아쉬워하던 386세대를 중심으로 하는 청장년층이 자발적으로 모인 것으로, 정치인으로서는 처음으로 팬클럽이 결성되어 주목받았다.

나는 2001년, 우연히 노무현의 홈페이지였던 '노하우'에 접속했고 게시판에 올라온 수많은 글을 읽으며 며칠 밤을 눈물로 보냈다. 국론을 분열시키고, 지역을 갈라놓은 망국적인 정치에 대한 분

2002년 고 노무현 전 대통령과 함께, 아내 이영화(오른쪽 끝)

노와 절망 그리고 그 폐해를 깨기 위해 앞장섰던 한 정치인에 대한 감사와 연대의 글들이었다. 제대로 된 정치인 하나쯤은 있기를 갈망하던 수많은 사람들의 고백이었다.

노무현이라는 이름은 이미 내 기억 속에 있었다. 1988년 5공 청문회를 통해 처음 알게 된 정치인. 그리고 3당 합당이라는 정치적 야합에 맞서 선봉에서 반대하며, 풍찬노숙과 다름없는 꼬마 민주당을 만들어 활동했던 사람. 당선이 보장된 종로를 포기하고 지역갈등을 깨기 위해 민주당의 사지나 다름없는 부산으로 내려가 온갖 수모와 비난 속에서도 끝까지 도전했지만, 결국 낙선했던 정치인.

그 선거 결과를 보며 아내와 밤새 술을 마시며 정치를 욕했던 기억이 떠올랐다. 그렇게 그는 내 기억 속에서 잊혀간 이름이 되어 있었다. 그런데 다시 만난 노무현은 혼자가 아니었다. 나와 같은 울분과 아쉬움, 같은 갈증을 품은 사람들이 이미 그를 중심으로 모여 있었다. 그 사실이 나를 놀라게 했고, 동시에 움직이게 했다.

그렇게 나는 노사모가 되었다. 그리고 그 순간부터, 정치가 더 이상 먼 이야기가 아니게 되었다.

# 노무현

## 시대를 이끈 이름,
## '사람 사는 세상'

노무현이라는 이름을 처음 깊이 새기게 된 것은 그가 정치인이기 이전에 사람의 편에 섰던 변호사였다는 사실 때문이었다. 1981년 부림사건. 그는 권유를 받아 변호에 참여했고, 그 선택이 인생을 바꿨다고 훗날 회고했다. 고문을 당한 학생들의 눈빛, 공포에 질려 눈치를 보던 모습 앞에서 "피가 거꾸로 솟는 듯했다"라는 그의 고백은 정치 이전에 인간의 존엄을 먼저 본 사람의 언어였다.

그 이후의 행보는 익히 알려져 있다. 김영삼 총재의 공천으로 부산에서 당선되어 5공 비리특위에서 활동했고, 1990년 3당 합당이라는 정치적 타협 앞에서 기득권을 택하지 않고 결별을 선택했다. 당선이 보장된 길 대신 패배가 예정된 길을 택하는 선택은 그의 정치 전반을 관통하는 태도였다. 김대중 정부에서 해양수산부 장관을 지냈고, 국민경선제를 통해 새천년민주당 대통령 후보가 되었으며, 마침내 제16대 대통령으로 선출되었다.

그러나 내가 노무현을 지지한 이유는 그의 '자리'가 아니라 그가 보여준 정치의 방향 때문이었다. 권위주의를 깨고 정경유착에 맞섰으며, 상속·증여세 포괄주의 도입, 증권 집단소송제, 대기업 담합에 대한 강력한 처벌 등 기존 권력이 하지 못했던 개혁을 실행했다. 완벽하지는 않았지만, 최소한 원칙을 배반하지 않는 정치였다.

정치가 더럽다고 욕하기보다 참여로 세상을 바꿀 수 있다는 믿음, 아무도 시도하지 않았던 진짜 변화에 대한 갈망, '저 사람이라면 할 수 있을 것 같다'라는 설명할 수 없는 확신이 내 안에서 생겨났다. 노무현 대통령이 남긴 가장 큰 유산은 '사람 사는 세상'이라는 말 한마디로 요약된다. 권위주의 타파, 수평적 리더십, 시민을 객체가 아닌 주체로 대하는 정치였다.

그래서 사람들은 그를 '바보 노무현'이라 불렀다. 그 말 속에는 조롱이 아니라 존경이 담겨 있었다. 가장 낮은 자리에서 가장 상식적인 선택을 했던 정치인. 영화 〈어른 김장하〉를 보며 느꼈던 '참어른'의 감정과 정확히 겹쳐지는 이름이었다.

노무현 탄핵 반대 1인 시위 중인 심화섭

정치인 노무현 그리고 사람들이 애정으로 불렀던 '노짱'과의 만남은 내 인생을 송두리째 바꾸어놓았다. 그전까지 나는 평범한 시민이었지만, 노사모라는 공동체를 통해 깨어 있는 시민으로 살아가기 시작했다. 노사모는 단순한 지지 모임이 아니었다. '사람 사는 세상'을 현실의 언어로 만들고자 했던 시민 민주주의의 실험장이었고, 그 안에서 나는 대한민국의 변화를 만들어가는 작은 한 사람으로 존재할 수 있었다. 그 경험은 지금까지도 내 삶에서 가장 소중한 기억이다.

정치 참여의 방식은 다양하다. 누군가는 정치인이 되고, 누군가는 자신의 자리에서 참여를 이어간다. 나는 지난 23년간 쉼 없이 정치적 참여를 해왔지만, 모든 국면이 끝나면 언제나 캠퍼스로 돌아왔다. 학생들과 함께 호흡하며 가르치고 배우는 일이 나의 천직이었기 때문이다. 학문의 자리, 교육의 현장에서 나는 다시 민주주의와 시민정신을 되새겼고, 그것이 내가 참여를 멈추지 않을 수 있었던 이유였다.

그는 권력을 위한 정치를 하지 않았다. 권력은 국민을 위해 쓰여야 한다는 가장 단순하고 가장 어려운 명제를 실천하려 했던 사람이다. 오늘날 이재명 대통령의 모습을 보며 나는 종종 노무현 대통령을 떠올린다. 새로운 미디어 환경, 더 확장된 시민 참여, 강해진 소통의 정치 속에서 노무현이 열어놓았던 길이 다른 방식으로 이어지고 있다고 느낀다.

노무현은 한 명의 정치인이 아니다. 그는 시대를 이끈 정신이며, 지금도 유효한 민주주의의 약속이다. 그의 유산은 완결형이 아니다. 앞으로 우리가 함께 완성해가야 할 미래다.

나에게 노무현은, 정치가 국민의 삶과 얼마나 밀접하게 맞닿아 있는지를 처음으로 깨닫게 해준 사람이었다.

그전까지 정치란 가까이해서는 안 되는 것, 더럽고 추악한 인간 군상이 모인 영역이라는 인식이 사회 전반에 깊게 깔려 있었다. 정치는 외면하는 것이 현명하다는 가스라이팅, 혹은 '다 똑같다'라는 정치 양비론이 너무도 자연스럽게 받아들여지던 시절이었다. 노무현은 그 틀을 처음으로 흔들어놓은 인물이었다. 시민이 참여하면 정치 문화를 바꿀 수 있다는, 너무도 당연하지만 아무도 믿지 않던 희망을 보여준 사람이었다.

노사모 활동을 통해 그를 처음 '만났다'. 정치가 더럽다고 욕만 해서는 세상이 바뀌지 않는다는 단순한 진실을, 그는 말이 아니라 삶으로 증명하고 있었다. 시민의 적극적인 참여가 정치와 사회를 바꿀 수 있다는 확신 그리고 '저 사람이라면 정치가 올바른 방향으로 가고, 이 사회가 조금은 나아질 수 있겠다'라는 강렬한 믿음이 생겼다. 자신이 지향하는 가치를 위해 손해와 패배를 감수하면서도 도전을 멈추지 않는 정치, 지역주의와 권위주의를 좌고우면하지 않고 정면으로 돌파하려는 태도. 노무현 대통령이 남긴 시대적 가치는 바로 그것이었다. 권위주의 타파, 수평적 리더십 그리고 무엇보다 '사람 사는 세상'이라는 철학. '바보 노무현'이라는 수식어 하나만으로도 가장 낮은 자리에서 가장 상식적이고 원칙적인 정치를 했던 그의 모습은 충분히 설명된다.

그와의 인연은 구체적인 기억들로 이어진다. 노무현 후보, 사람들이 애정으로 부르던 '노짱'을 실제로 만났던 순간들. 2002년 3월, 광주 염주체육관에서 열린 새천년민주당 대통령 후보 경선은 지금도 생생하다. 설명할 수 없는 벅찬 감동이 밀려왔고, 그 이후 노사모 모임은 폭발적으로 활성화되며 대선까지 달려갈 수 있는 에너지가 되었다. 강원도 춘천 경선에서 노무현 후보의 전속 사진작가가 우연히 찍어준, 세 살배기 큰아이의 사진이 노무현 대통령 홈페이지 '노하우'의 배너로 대선 내내 걸렸다. 지금 생각해도 가문의 영광 같은 순간이다.

대학에서 10년 근속으로 받은 금메달을 주저 없이 후원금으로 제출했던 일도 잊지 못한다. 그 일을 계기로 노하우 게시판에 수많은 응원 댓글이 달렸고, 그것은 개인의 작은 선택이 어떻게 집단의 연대가 되는지를 보여주는 경험이었다. 노무현의 상징이 되었던 '희망돼지'의 탄생 비화 역시 그 시절의 열기와 상상력이 만들어낸 결과였다. 그리고 마지막으로 남은 기억, 2008년 6월 25일 시그

고 노무현 전 대통령과의 마지막 만남

너스 골프장에서의 마지막 만남까지.

나에게 노무현은 한 명의 정치인이 아니라, 정치에 참여하는 시민으로 살아가게 만든 결정적 계기였다. 노사모는 그를 지지하는 모임을 넘어, '사람 사는 세상'을 실제로 만들어보려 했던 시민들의 실험장이었고, 그 안에서 나는 비로소 정치의 바깥이 아닌 정치의 안에서 살아가는 법을 배웠다.

지금의 나를 만든 이름, 여전히 나를 움직이게 하는 이름.

나에게 노무현은 그렇게 남아 있다.

# 명계남

ID: 명짱

## 우리의 영원한
## 캡틴

그는 우리의 영원한 캡틴이었다.

"가슴이 시키는 대로 살자."

명계남, 우리가 부르던 이름 '명짱'은 그 좌우명을 말로만이 아니라 삶 전체로 실천해온 사람이었다.

명짱님을 처음 만난 날은 새천년민주당 대통령 후보 선출을 위한 국민참여경선이 막을 올린 뒤, 세 번째 경선지였던 광주였다. 국민참여경선에서 광주는 상징 그 자체였다. 그래서 노사모는 모든 힘을 광주에 집중했다. 이미 각 지역 노사모에서는 광주와 전남의

봉하마을에서 명짱 명계남, 임진강 이영화, 소운 심화섭(왼쪽부터)

대의원들에게 손편지를 쓰고 있었다. 왜 노무현 후보가 이런 삶을 살아왔는지, 지역주의 해소를 위해 어떤 투쟁을 감내해왔는지, 그리고 노무현만이 동서로 갈라진 대한민국을 하나로 묶을 수 있는 사람이라는 간절한 바람을 한 장 한 장 정성껏 적어 내려갔다.

광주 경선을 하루 앞둔 날 저녁, 우리는 광주 상무대로 모였다. 전국에서 모인 200여 명의 노사모 회원들이 내일의 승리를 다짐하던 자리였다. 그때 처음 본 사람이 명짱님이었다. 당시 그의 나이는 고작 마흔 후반. 그러나 그는 이미 자연스럽게 그 자리를 이끄는 사람이었다. 앞에 서서 지시하는 리더가 아니라, 가장 먼저 현장에 서 있는 캡틴이었다.

명짱은 늘 우리와 함께 부딪히며 살아온 사람이었다. 노사모 시절에도, 대선 이후 '생활정치네트워크 국민의 힘'을 만들었을 때도, 열린우리당에 참여해 "당권을 당원에게"라는 모토로 정당 활동을 할 때도, 그는 언제나 곁에 있었다. 정치 활동의 앞줄뿐 아니라, 끝난 뒤의 허탈함과 피로, 좌절까지도 함께 나누는 사람이었다. 그는 단지 방향을 제시하는 사람이 아니라, 넘어질 때 함께 넘어지고 다시 일어나는 법을 보여주는 사람이었다.

명짱과 함께했던 시간 중 가장 치열했던 장면을 꼽자면 단연 '안티조선' 활동일 것이다. 언론 권력에 맞서 싸운다는 것이 얼마나 고단한 일인지, 그럼에도 불구하고 누군가는 왜 그 일을 해야 하는지를 그는 몸으로 보여주었다. 그렇게 우리는 어느새 20년이 넘는 시간을, 때로는 가족처럼, 때로는 동지로 함께 지나왔다.

수많은 에피소드가 있지만, 그것들은 이제 각자의 마음속에 조용히 담아두었다. 중요한 것은 과거의 추억이 아니라, 지금도 계속되고 있는 삶의 태도이기 때문이다. 우리는 여전히 현재와 미래를 향해 도전하고, 실패하고, 다시 도전하는 삶을 살고 있다. 그리고 그 길 어딘가에는 언제나 명짱 같은 사람이 있었다.

명계남은 배우이자 영화인이고, 연출가이며, 사회참여 활동가다. 그러나 그런 직함들보다 더 정확한 표현은 이것일 것이다.

그는 늘 '현장에 먼저 도착해 있는 사람'이었다. 그의 연기가 과하지 않고 현실의 인물처럼 다가오는 이유도, 아마 그가 실제 삶에서도 늘 그렇게 살아왔기 때문일 것이다.

명계남, 명짱.

그는 우리에게 한 시대의 리더이기 이전에, 끝까지 함께 가는 캡틴이었다.

# 문성근

ID: 문짝

## 조용하지만 가장 단단했던 이름

문성근, 우리가 부르던 이름 '문짝'.

그는 언제나 앞에서 소리치기보다, 한자리에 묵직하게 서 있던 사람이었다. 흔들리지 않는 문처럼, 쉽게 열리지 않지만 한번 열리면 그 안에 든 무게가 느껴지는 사람.

문성근은 1953년 도쿄에서 태어났다. 아버지는 문익환 목사, 어머니는 박용길. 한국 현대사의 가장 치열한 자리 한복판을 살아낸 집안에서 자랐다. 그 이름만으로도 이미 한 사람의 삶은 일정 부분 규정되었을지 모른다. 그러나 그는 그 무게를 과시하지 않았다.

고 문익환 목사 장례식에서 문성근(오른쪽에서 두 번째. 이재명 대통령과 고 이해찬 전 총리도 보인다)

보성고를 거쳐 서강대학교 무역학과를 졸업했고, 대학 시절 뮤지컬 배우로 데뷔했지만 졸업 후에는 현대그룹에서 직장 생활을 했다. 삶은 언제나 한 방향으로만 흐르지 않는다는 것을, 그는 일찍부터 알고 있었던 듯하다.

1985년 연극 〈한씨 연대기〉를 통해 본격적인 연극배우의 길로 들어섰고, 이후 〈칠수와 만수〉, 〈그들도 우리처럼〉, 〈베를린 리포트〉 등으로 자신만의 연기 세계를 쌓아갔다. 그의 연기는 과장되지 않았고 언제나 현실에 발을 딛고 있었다. SBS 〈그것이 알고 싶다〉의 진행자로 대중과 만났고, 1992년에는 영화 〈경마장 가는 길〉로 청룡영화제 남우주연상을 수상했다. 그러나 그는 스타가 되기보다는, 늘 '사람'으로 남아 있었다.

2000년, 정치인 노무현이 부산에서 낙선했을 때, 많은 사람들이 안타까워했다. 그 마음들이 모여 노사모가 만들어졌다. 그리고 2001년, 명계남이 대표로 있던 노사모에 문성근이 합류했다. 그는 전남대학교 초청 강연에서 노무현의 대선 출마가 왜 필요한지, 왜 이 사람이 지금의 한국 사회에 의미가 있는지를 조용하지만 분명한 언어로 설명했다. 그해 11월, 문화예술인들과 함께 '노문모'를 조직해 공개적으로 노무현을 지지했다. 그에게 정치 참여는 이벤트가 아니라 삶의 연장이었다.

2002년 내가 '문짝'님을 처음 만난 날은 3월 1일이었다.

그날은 수도권 지역의 노사모 회원들의 북한산 산행이 있었다. 출발지에서 처음 인사를 드렸다. 영화배우와 처음으로 인사를 나눌 때의 그 떨림이 아직도 느껴진다.

산행을 마치고 뒷풀이 장소에서 우연히 문짝님과 같은 테이블에 앉게 되었다. 사람에 가까이 가기 위해 어떻게든 인연 고리를 찾는 게 본성임을 그때 내 모습을 보고 알았다. 서강대 동문이라는 걸 핑계 삼아 슬쩍 말씀을 건넸다. 반응은 별로였다. 인연 고리도 사람 봐가며 해야 하는 것임을 그때 알았다.

사실 문짝님에게는 그런 것이 의미가 없었다. 노사모라는 이유만으로도 그는 친근했고 많은 이야기를 경청해주었다. 영화배우가 내 말을 경청해 듣다니, 지금 생각해도 짜릿한 경험이었다. 그렇게 문짝님과는 2002년 노사모 행사장에서 인사를 나눌 수 있었다.

2002년 대선에서 그는 개혁국민정당에 참여하며 노무현의 당선을 위해 힘을 보탰다. 후단협이 기승을 부리며 노무현 후보를 끌어내리려고 혈안이 되던 시기에 개혁국민정당 창당 대회가 63빌딩에서 있었다. 그때 강연자로 나온 문짝님은 포효하며 감동적인 연설을 했다. 문익환 목사님을 보는 듯했다. 오죽했으면 노짱님이 그 감동적 연설에 눈물을 흘리시기까지 했다. 대선 본선 노무현 대통령후보 홍보 동영상 '노무현의 눈물'은 그때의 장면이었다.

그는 권력의 중심에 머무르지는 않았다. 노무현이 대통령이 된 뒤, 그는 다시 배우로 돌아갔다. 정치적 성공이 개인의 자리가 되어서는 안 된다는 듯, 한 걸음 물러나 자신의 자리로 돌아갔다. 그런 그는 나의 '롤모델'이었다. 23년의 시민정치참여를 하며 내 역할이 끝나면, 캠퍼스로 돌아가 학생들을 가르치고 배우던 내 모습을 문짝님 모습에 슬쩍 끼워놓고 싶다.

2003년 가을, 그는 노무현 대통령의 대북특사로 방북했다. 통일운동가 문익환의 아들이라는 정체성, 그리고 그가 지닌 상징성이 그 선택의 이유였을 것이다. 그는 대통령의 친서를 전달하며 대화와 평화의 가능성을 전하는 역할을 맡았다. 그 역시 과장 없이, 조용히.

2009년 5월, 노무현 전 대통령의 서거는 그에게도, 우리 모두에게도 깊은 상처였다. 이후 그는 다시 정치의 길로 들어섰다. '백만 송이 국민의 명령' 운동을 통해 야권 통합을 시도했고, 민주통합당 최고위원으로 선출되었다. 부산에서의 선거는 또다시 쉽지 않았고, 결과는 낙선이었다. 그는 당 의장 대행을 맡아 혼란의 시기를 잠시 버텼고, 이후 정치에서 물러났다. 그리고 다시 돌아왔다. 떠났다가, 필요할 때 돌아오는 사람. 문성근은 늘 그렇게 움직였다.

문성근은 큰 소리를 내지 않는다. 그러나 그의 침묵에는 이유가 있고, 그의 선택에는 방향이 있다. 그는 아버지의 이름을 빌려 말하지 않았고, 자신의 이름을 앞세워 요구하지도 않았다. 다만 필요한 순간, 문처럼 그 자리에 서 있었다.

문성근, 문짝. 그는 우리에게 가장 요란하지 않았지만, 가장 단단했던 이름이다.

# 정동영

## 평화를 현실의 언어로 말한 정치인

노무현 대통령의 지지율이 가장 낮았던 시절, 차기 정권을 이어갈 인물로 우리가 주목한 사람은 정동영이었다. 정치의 흐름이 거칠게 흔들리던 그때, 우리는 '정동영과 통하는 사람들'이라는 작은 팬클럽을 만들고 그를 위해 일했다. 지지란 언제나 가장 불리한 순간에 드러나는 법인데, 그 시기는 바로 그런 시간이었다.

2007년 대선 경선 기간, 강원도에서 함께했던 기억은 지금도 선명하다. '이변(이재명 대통령)'과 함께했던 순간들 그리고 그 과정을 함께 버텨낸 동지적 연대. 선거운동은 늘 결과보다 과정이 사람

정동영 통일부장관

을 남긴다. 정동영과 함께한 그 시간은, 정치가 사람을 묶는 또 하나의 방식임을 다시 확인하게 했다.

정동영이라는 정치인을 관통하는 핵심은 분명했다. 그는 평화를 이상으로 말하지 않았다.

"평화는 먹고사는 문제다."

이 한 문장은 그의 정치철학을 가장 정확히 요약한다.

그에게 남북관계와 평화는 선언이나 구호가 아니라 민생이었다. 전쟁을 준비하는 힘보다, 전쟁이 필요 없는 조건을 만드는 힘이 더 중요하다고 그는 보았다. 개성공단, 금강산 관광, 이산가족 상봉 같은 작은 교류를 통해 '작은 통일'을 축적해가야 한다는 생각도 그

연장선에 있었다. 군사 억지가 아닌 상호 신뢰, 대결이 아닌 단계적 접근. 정동영의 평화관은 늘 현실적이었다.

그의 정치는 분명히 약자를 향해 있었다. 경제성장의 열매가 특정 계층에만 쏠리는 구조를 비판했고, 복지와 교육을 통해 기회의 출발선을 맞추는 것이 국가의 역할이라고 보았다. "정치는 약자 편에 서야 한다"라는 그의 말은 수사가 아니라 일관된 기준이었다.

이념에 갇히지 않는 중도개혁 노선 역시 그의 중요한 특징이다. 진보와 보수를 가르는 구호보다, 국익과 해법을 중심에 두는 실용 정치. 그는 늘 말했다. "이념보다 해법이 중요하다." 이기는 정치가 아니라, 실제로 해내는 정치가 필요하다고.

정동영은 시민 참여와 소통을 강조했다. 정치는 엘리트의 전유물이 아니라 시민의 것으로 돌려줘야 한다는 생각, 지역주의와 진영 논리를 넘어서는 정치 실험. 열린우리당 초기의 시도들 역시 그 연장선에 있었다. 정치의 주체는 언제나 국민이라는 믿음은 그의 정치에서 변한 적이 없다.

그가 남긴 또 하나의 중요한 메시지는 '타협'이다.

"타협은 굴복이 아니다."

정치는 적을 늘리는 기술이 아니라, 공통분모를 찾아 문제를 해결하는 과정이라는 인식. 대화와 협치는 약함이 아니라 성숙함이라는 그의 생각은, 지금의 정치 환경에서도 여전히 유효하다.

정동영이 남긴 메시지는 명확하다.

평화는 민생이고, 정치는 약자를 향해야 하며, 이념보다 해법이 앞서야 한다. 정치개혁 없이는 미래도 없고, 대화와 타협은 시대정신이라는 것.

그와 함께했던 시간은 나에게 정치가 다시 '현실의 언어'로 돌아올 수 있음을 보여주었다. 정동영은 화려한 구호보다 차분한 설계로, 이상보다 실행으로 말하려 했던 정치인이었다.

그 점에서 그는, 조용하지만 분명한 한 시대의 선택지였다.

# 이재명

ID: 이변

## 현실정치와 실용주의의 리더,
## 현실정치로 나를 이끈 사람

이재명은 내가 만난 정치인들 가운데 가장 '현실적인 정치인'이다.

정치가 무엇을 할 수 있는지, 그리고 어디까지 해야 하는지를 실제로 보여준 사람이다. 말이 아니라 행정으로, 선언이 아니라 결과로 정치의 효능감을 느끼게 해준 정치인이자 행정가였다. 빛이 나지 않더라도 '몇십 명에게 당장 필요한 정책'을 우선하는 실용주의적 모습, 억강부약(抑强扶弱) 정신과 진정성에 깊이 동의하며, 말뿐이 아닌, 시정과 도정 그리고 현재 대통령으로서 국정을 통해 실제 구현해내는 모습에서 배움을 얻었다.

2022년 이재명 대통령 후보 사진 앞 심화섭

그를 지켜볼 기회는 생각보다 오래전부터 이어졌다. 이재명을 처음 만난 것은 그가 정치인이 되기 전, 변호사였던 시절이었다. 이미 그는 성남 지역에서는 민변과 시민운동을 하는 활동가이자 변호사로 꽤 알려진 인물이었다. 2007년, 우리는 당시 정동영 대통령 후보를 지지하는 팬클럽을 만들기 위해 시작한 이른바 '정통 사관학교' 1기 대표로 그를 추대했다.

첫인상은 날카로웠다.

희고 마른 얼굴, 작은 눈, 금테 안경. 솔직히 말하면 만만치 않은 사람처럼 보였다. 성격도 강할 거라 짐작했다. 그런데 막상 함께 일해보니 전혀 달랐다. 유머러스했고, 짓궂은 말투에 격의 없었다. 분명 큰 정치적 포부가 있었겠지만, 그는 굉장히 소탈하고 사람을 편하게 만드는 타입이었다. 딱딱한 회의 분위기를 풀 줄 아는 사람이었다. 대통령이 된 후 생중계로 진행한 타운홀 미팅이나 정부보고 때 딱 그 모습이었다.

그 시기 우리는 국민경선 승리를 위해 함께 뛰었다. 국민경선 과정은 쉽지 않은 힘든 시간이었다. 경선 승리 후 대통령선거를 앞두고 이재명변호사는 대통령후보 비서실 부실장으로, 나는 팀장으로 활동했다. 그는 정치현장에 처음 참여했지만 정무와 선거 기획에 탁월한 감각을 가지고 있었다.

범상하지 않은 그를 보았다.

그는, 시민운동의 한계를 누구보다 뼈저리게 느끼고 있었다. 백현동 문제를 비롯해, 성남이라는 도시가 안고 있던 구조적 비리와 한계를 보며 "이건 운동만으로는 안 된다. 직접 정치와 행정에 들어가 제도로 바꿔야 한다"라는 의지가 강했다. 그래서 대통합민주당 시절 정치 참여를  결정하게 되었다.

비록 당시 대선에서 패배했지만, 그는 성남에서 자신의 정치활동을 본격적으로 준비하고 있었다. 2010년 성남시장에 출마했을 때 나는 의정부에서 성남으로 달려가 그의 선거를 도왔다. 자원봉사였다. 연설원으로 마이크도 잡고, 유세현장에서 그를 연호하며 그를 응원했다. 그는 성남시장이 되었고, 노사모 이후로 오랜 기간 함께 활동해왔던 후배들이 성남시에 합류해 함께 일했다.

성남시장 시절, 재정 상황은 심각했다. 모라토리움 선언을 진지하게 고민할 만큼 숨겨진 부채가 많았다. 그러나 그는 덮지 않았다. 오히려 공개했다. 시민에게 있는 그대로 알리고, 함께 감당하겠다는 선택이었다. 그것을 나는 그의 투명한 시정을 알리는 서막이라 생각했다.

그때 나는 시장의 역할을 다시 생각하게 되었다. 시장은 결정권자이기도 하지만, 본질적으로는 조율자다. 이해관계가 충돌하는 지점에서 길을 내는 사람. 이재명은 타고난 조율자였다.

경기도지사 시절 계곡 불법 점유 상가 철거 과정은 상징적이었다. 공유되어야 할 자연을 소수가 점유하고 있었지만, 철거는 그들의 생존권 역시 걸린 문제였다. 그는 밀어붙이지 않았다. 모든 것을 열어놓고 토론회를 열었다. 대의와 현실을 동시에 테이블 위에 올렸다. 그때 그가 했던 말이 아직도 기억난다.

"정치는 국민을 불편하게 하는 게 아니라, 편하게 하기 위한 것이다."

그의 말과 실천을 보며, 나 역시 이런 정치를 해보고 싶다는 생각을 처음으로 진지하게 하게 되었다. 그가 행정을 잘못했다는 평가는 들어본 적이 없다. 몇몇 관련인들의 실책과 과욕이 빚은 결과로 그가 효능감 있게 행한 행정 전체를 부정하는 것은 공정하지 않다. 그는 정적 죽이기의 희생양이 되었고, 정치적으로, 물리적으로 죽을 고비를 이겨냈다. 그의 단단함은 그렇게 만들어졌다.

이재명의 정치는 현장에서 출발한다.

그는 추상적 담론보다 "국민이 지금 어디서, 무엇이 힘든가?"를 먼저 묻는다. 그 선택은 늘 논쟁을 불렀지만, 동시에 분명한 성과를 남겼다. 청년배당, 무상교복, 산후조리원 지원, 재난기본소득 같은 정책들은 현장에서 출발해 전국적 의제로 확장됐다. 생활 속 문제를 제도로 만들고, 제도를 구조적 대안으로 키워가는 방식. 이것이 내가 배운 이재명의 정치이자 실천 모델이다.

그의 정치의 중심에는 국민주권이 있다.

"대한민국의 주인은 국민이다."

이 문장은 단순한 구호가 아니라 정책과 예산, 행정의 기준이었다. 이는 노무현 대통령이 말했던 '사람 사는 세상'의 또 다른 구현이기도 했다. 이재명은 그 철학을 훨씬 더 빠르고 직접적인 방식으로 현실에 옮겼다.

이재명은 공공성을 확보하는 과정을 두려워하지 않는다.

공공이 물러서면 시장과 기득권이 그 자리를 차지하고, 그 비용은 결국 약자에게 돌아간다는 것을 그는 명확히 알고 있다. 그래서 불평등 완화, 사회 안전망 강화, 보편적 복지를 정치의 핵심으로 삼는다. 공공성 없는 성장은 지속될 수 없고, 공정 없는 경쟁은 민주주의를 파괴한다는 인식은 그의 정책 전반에 깔려 있다. 공공성 없는 성장은 불평등을 심화하고 공공성 없는 분배는 지속 가능하지 않다.

정의와 공정에 대한 태도 역시 분명하다.

먼저 약자에게 기회가 돌아가야 한다는 원칙, 특혜와 비리를 구조적으로 끊어내야 한다는 집요함. 이는 감정적 분노가 아니라 '공정한 경쟁 질서'를 복원하려는 전략적 선택에 가깝다. 민주주의와 시장경제를 동시에 살리기 위한 최소 조건이라는 점에서, 그의 정의는 매우 실용적이다.

결단력과 추진력 또한 이재명 정치의 중요한 특징이다.

문제가 확인되면 미루지 않는다. 해결책과 일정, 책임 주체를 동시에 제시한다. 민생 정책과 재정 집행에서 특히 그렇다. 정치의 본질이 국민 삶을 개선하는 것이라면 결단력은 필수 역량이다. 그는 이처럼 정치인들에게 '판단과 책임, 실행"이라는 3요소의 중요성을 일깨운다.

이재명은 정치의 전달 방식도 바꾸었다.

정치는 더 이상 중앙 엘리트와 언론을 거쳐야만 시민에게 도달하는 구조가 아니다. 그는 유튜브와 SNS를 통해 국민과 직접 연결되는 수평적 정치를 실험했고, 이는 시민 참여의 폭을 크게 넓혔다.

정치는 누구를 위해 존재하는가, 누구에게 보고하는가, 누구와 함께 결정하는가.

그의 답은 늘 분명했다. 국민이다.

이재명은 완성된 정치인이 아니라, 지금도 진행 중인 정치인이다. 그러나 분명한 것은 있다. 그의 정치는 국민주권을 실현하는 민주정치이며, 불평등을 바로잡으려는 정의정치이고, 현장에서 답을 찾는 실용정치라는 점이다.

솔직히 나는 노무현 대통령 같은 대통령이 나오기 어려울 것이라 생각해왔다. 이제는, 이재명이라면 가능하지 않을까 생각한다. 아니 노무현 대통령을 뛰어넘는 대통령도 될 수 있지 않을까? 노무현대통령도 기뻐하실 것이다. 기대한다.

정치는 여전히 어렵고 험하다.

그러나 이재명이라는 존재는, 그 험한 길이 결코 헛된 것은 아니라는 믿음을 다시 한 번 갖게 해준다.

# 정청래

ID: 싸리비

## 원칙으로 버텨온
## 당대표

정청래를 처음 알게 된 때는 노사모 시절이었다.

다만 노사모 활동이 대부분 지역 중심으로 이루어졌기에, 그의 아이디 '싸리비'를 알고 얼굴을 아는 정도였다. 특별한 기억이나 깊은 교류가 있었던 것은 아니다. 본격적인 인연은 2003년, 정치개혁·언론개혁·국민통합을 기치로 출범한 '생활정치네트워크 국민의 힘'에서 시작되었다.

노사모 이후 우리는 단순한 지지 모임을 넘어, 시민이 정치의 주체가 되는 구조를 만들고자 했다. 노사모 해체를 둘러싼 논쟁이

생활정치네트워크 국민의 힘 활동 당시 정청래 현 민주당 대표와 함께

거셌던 시기, 2002년 노사모 활동에 핵심적 역할을 했던 사람들은 새로운 선택을 했다. 정치개혁, 언론개혁, 국민통합을 목표로 한 '생활정치네트워크 국민의 힘'이었다. 1965년생 동갑내기인 정청래, 이상호 그리고 심화섭. 그 시절 우리는 같은 시대의 무게를 나눠 들고 새로운 도전을 시작했다.

'생활정치네트워크 국민의 힘'은 세 명의 공동대표 체제로 출발했다. 세 명의 공동대표의 역할도 정치개혁, 언론개혁 그리고 조직관리로 분명히 나뉘었다.

우리는 당시 참여연대 등 시민단체들이 진행하였던 낙선운동이 아니라 당선운동을 하겠다고 선언했다. '금배지 바로 알기' 프로젝

트였다. 조아세(〈조선일보〉 없는 아름다운 세상)를 통한 안티조선 활동 역시 멈추지 않았다. 2003년 12월이 되어 4대 개혁 입법을 둘러싼 싸움은 치열했고, 거리와 국회 안팎에서 긴장감은 늘 극한에 가까웠다.

그 중심에는 항상 싸리비 정청래가 있었다.

그는 2004년 노무현대통령에 대한 탄핵국면에서 국회의원에 당선했다. 그 후 우리는 "주권은 국민에게, 당권은 당원에게"라는 슬로건을 걸고 당원이 주인되는 정당을 실현하기 위해 열린우리당에 합류했다. 싸리비 정청래는 그 흐름의 중심, 한가운데에 있었다.

2025년 이재명 국민주권정부가 출범했다. 그리고 더불어민주당은 당원주권정당 구현을 위해 나아가고 있다. 더불어민주당의 대표가 된 정청래는 당원주권을 선언했다. 비례 대표 선정의 권한조차 거부하며 기득권을 해소하는 그의 시도는 오히려 당 내부 동료 의원들의 견제를 불러왔다.

원칙을 지키려는 선택이 언제나 환영받지는 않는다는 사실을, 그는 누구보다 잘 알고 있을 것이다.

지방선거는 물론이고 지방선거 이후에도 당의 통합을 더 강고하게 유지하는 것은 이재명정부와 더불어민주당의 성공을 위해 그와 함께 당원들이 감당해야 할 몫이 되었다. 과거 열린우리당 시절 있었던 내부갈등은 절대 반복되어서는 안 된다. 당 내부 갈등은 결

정청래 대표에게 지역 현안 건의서 전달 후(2025.12.24)

코 가볍지 않고, 그 결과는 감당하기 힘든 후과를 남긴다는 것을 우리는 경험하지 않았던가?

그럼에도 불구하고 나는 분명히 말할 수 있다.

정청래는 원칙에 어긋나는 일을 해본 적이 없는 사람이다. 충분한 지지와 힘만 받쳐준다면, 당을 제대로 이끌 수 있는 사람이다. 무엇보다 그는 두말을 하지 않는다. "임명직은 맡지 않겠다. 선출직만 하겠다"라고 선언한 것 역시, 권력보다 책임을 중시하는 그의 태도를 잘 보여준다.

정치는 말보다 태도로 증명된다. 정청래는 늘 그 불편한 자리를 택해왔다. 그래서 때로는 거칠고, 때로는 과하다는 평가를 받는다.

그러나 원칙 없이 유연한 정치보다, 원칙을 위해 부딪치는 정치가 나는 더 믿음직하다. 지금 이 중요한 해에, 그가 버텨내고 견뎌내야 할 이유도 바로 거기에 있다.

# 이상호

ID: 미키루크

## 선택과 집중으로 시대를 움직인 실행가

이상호는 내 인생에서 가장 큰 전환점을 만들어준 사람이다.

23년 동안 함께한 동지이자 친구이며, 나는 기꺼이 그를 우리의 대장이라 부른다. 우리가 함께한 시간과 사건들은 몇 페이지로는 도저히 담아낼 수 없고, 책 한 권을 넘길 서사를 품고 있다.

그는 모든 것을 스펀지처럼 흡수하는 천재다. 그 천재성의 핵심은 집중력에 있다. 내가 가장 좋아하는 말, '선택과 집중'을 삶으로 증명한 사람이 바로 이상호다. 그는 언제나 상황에 가장 필요한 지점을 정확히 찾아내고, 그것을 행동으로 연결시킨다. 수만 명의 사

미키루크 이상호와 심화섭(왼쪽부터)

람들이 같은 방향으로 움직이게 만드는 힘, 그의 타고난 재능이다.

나는 감히 말할 수 있다. 정치사에서 가장 상징적으로 거론되는 '노사모'의 상징성은 대부분 이상호에 의해 만들어졌다고. '희망돼지', 경선장에서 펼쳐진 노사모 특유의 축제 같은 선거문화. 그는 노사모의 실행을 책임진 상징적 존재였다.

이상호를 처음 만난 날은 2002년 3월 9일, 새천년민주당 대통령후보를 뽑는 국민경선이 열린 광주였다. 대한민국 민주주의와 정당 정치의 흐름을 바꾼 역사적인 현장이었다. 경선을 하루 앞둔 밤, 전국에서 수백 명의 노사모 회원들이 광주로 모였다. 서초구청

앞에 늘어선 수많은 버스들 속에서, 광주로 향하는 노사모 버스는 단 한 대뿐이었다. 버스에는 스무 명 남짓이 타고 있었고, 문성근(문짝)님도 함께였다. 광주 상무대에 도착하니 2~300명의 노사모 회원들이 모여 있었다. 그 자리에서 다음 날 경선을 준비하며 의지를 다졌다.

그때 유독 눈에 띈 친구가 있었다. 잘생긴 얼굴에 특유의 부산 사투리 그리고 사람을 끌어당기는 말솜씨.

그가 바로 이상호, 미키루크였다.

그날 우리는 찜질방에서 잠을 잤다. 이후 수없이 반복될 노사모 찜질방 숙박의 첫날이었다.

다음 날 광주염주체육관. 정치와 선거의 현장이 처음이던 나에게 낯설고 어색한 공간이었다. 노사모는 노란 손수건을 흔들며 노래하고 춤췄다. 선거 유세라기보다는 하나의 놀이 같았다. 그 맨 앞에서 이상호는 희망세우기와 함께 노래와 율동을 진두지휘했다. 처음엔 어색했지만, 시간이 흐르자 모두가 그 리듬에 빠져들었다.

그날 노무현 후보는 광주에서 승리했다. 그 승리는 단순한 지역 승리가 아니었다. 세상이 바뀌고 있음을 확인한 순간이었다.

노무현을 상징하는 '희망돼지'는 의정부 노사모에서 시작된 아이디어였다. 그것이 2002년 대선의 상징이 될 줄은 상상도 못했다. 그 대화에 함께했던 이경섭(무착) 형님이 중앙에 사업 제안을 했다. 그것을 전국적 상징으로 만든 사람은 이상호였다.

이상호는 '희망돼지'의 성공 가능성을 누구보다 빨리 간파했다. 그리고 그는 이 프로젝트를 성공시키기 위한 모든 방법을 찾아 나선다. 한마디로 그는 '일이 반드시 되게 하는 사람'이다.

2002년 12월 19일, 우리는 노무현 대통령의 탄생을 지켜보았다. 대선 이후 노사모는 존폐 논쟁에 휩싸였다.

현직 대통령의 이름이 들어 있는 단체의 존재는 필연적으로 논란을 낳는다. 투표 끝에 존치가 결정됐지만, 초기 멤버들은 새로운 조직의 필요성에 공감했다. 그렇게 탄생한 것이 정치개혁·언론개혁·국민통합을 기치로 한 '생활정치네트워크 국민의 힘'이었다. 2004년, 이상호·김명렬(영원한미소) 그리고 심화섭은 2기 공동대표를 맡았다. 대표가 되자마자 이상호는 말했다.

"탄핵이 올 겁니다."

그때만 해도 대부분의 사람들, 심지어 국회의원들조차 탄핵은 없을 것이라 장담하던 시기였다. 그러나 그는 3월 초부터 여의도 국회 앞에서 탄핵 저지 집회를 시작했다. '국민을 협박하지 말라'라는 카페를 개설해 10만 명이 넘는 회원을 모았다.

광화문 촛불집회의 바둑판같이 질서 정연한 모습. 3천여 명의 자원봉사자를 조직해 끈으로 통로를 만들고, 종이컵과 초를 준비한 그 모든 설계 역시 이상호의 아이디어였다. 나는 훗날 그 항공사진을 보고도 믿기지 않았다. 그 시대의 집회에서 상상조차 할 수 없는 장면이었다.

이후 우리는 열린우리당에 참여해 당원주권과 정당개혁을 외쳤다. 나는 중앙위원으로, 이상호는 청년위원장(중앙위원 겸직)으로 활동했다. 그리고 노무현 대통령의 성공은 정권 재창출에 달려 있다는 판단 아래, 차기 후보로 정동영을 선택했다. 정동영 팬클럽 '정동영과 통하는 사람들(정통)'을 조직했고, 초대 회장으로 성남에서 변호사이자 사회운동가로 활동하던 이재명 변호사를 모셨다.

2007년 대선을 준비하며 우리는 수많은 일을 함께했다.

그러나 대선 패배는 컸고, 그보다 더 큰 상처는 당 내부의 무책임한 태도였다. 그때 나는 정치에서 한발 물러나 학교로 돌아갔다.

노무현 대통령의 서거 이후, 다시 정치 현장으로 돌아왔고 이상호는 직접 현실 정치에 참여했다. 그 과정에서 그는 노무현 대통령이 겪었던 것과 닮은 시기와 질투, 조롱을 감내해야 했다.

그럼에도 그는 꺾이지 않았다. 모두의 바람과 달리 그는 국회의원 배지를 달지 못했다. 그러나 그는 쿨했다. 다시 자신이 가장 잘할 수 있는 자리에서 뛰고 있다.

정치 초보인 친구를 위해 23년의 동지가 다시 곁에 섰다.

이보다 더 큰 힘은 없다.

나는 두려움 없이, 끝까지 갈 용기를 얻었다.

# 오영애

ID: 소나무

## 조용히
## 그러나 가장 멀리까지 가는 사람

오영애, 노사모 아이디 '소나무'.

20여 년을 가족처럼 함께해온 동지이자 누나다.

여행가이며 시민활동가이고, 본인은 한 번도 '정치'를 꿈꿔본 적이 없다고 말하는 사람이다. 그저 필요한 사람들에게, 필요한 일을, 필요한 순간에 해온 사람이다.

그렇게 그는 늘 조용히 세상을 바꾸는 일에 참여해왔다.

노사모 안에서 오영애는 유명인이다. 그를 상징하는 이름, '희망포장마차'다.

고 노무현 전 대통령과 함께, 소나무 오영애

2002년 대선을 앞두고 노무현 대통령후보를 알리고 대선 후원금을 마련하기 위해 그는 자신의 생업을 접고, 포장마차 트럭을 몰며 전국을 돌았다. 3~4개월 동안 이어진 그 여정에서 희망포장마차가 도착하는 곳마다 지역 노사모와 시민들이 자연스럽게 모였다.

희망포장마차는 단순한 술자리가 아니었다.

거창한 조직도 연단도 없었지만, 서민적인 공간에서 시민들이 민주주의를 이야기하던 자리였다. 노무현 시대 시민정치의 낭만과 열정이 응축된 상징 같은 공간이었다.

부산 출신인 그는 부산 노사모 활동을 꾸준히 이어갔고 이후 서울로 올라와서도 한결같이 현장을 떠나지 않았다. 두 딸의 어머니이자, 늘 여행을 즐기며 세상을 바라보는 풍류를 지닌 사람이다. 요즘은 신안에서 낚시를 하며 지내지만, 필요한 일이 생기면 언제든 다시 트럭에 시동을 건다.

백남기 농민은 쌀 수입 정책에 항의하다가 경찰의 물대포에 목숨을 잃었다. 그 죽음에 분노하고 애도하던 사람들을 위해 소나무는 다시 포장마차를 끌고 나왔다. 그들에게 최소한의 힘이라도 보태기 위해서였다.

그의 방식은 늘 같았다. 거창하지 않지만, 가장 인간적인 방식이다.

그의 행동에는 늘 설명보다 실천이 먼저였다.

약자들이 있는 곳, 사람들이 지치고 굶주린 곳에 오영애의 희망 포장마차는 어김없이 나타났다. 정치적 구호보다, 따뜻한 한 끼가 먼저라고 믿는 사람이었다.

그는 한 언론 인터뷰에서 이렇게 말한 적이 있다.

"대한민국에서 태어난 죄지요."

그리고 사회를 향해 이런 말도 남겼다.

정치가 잘못된 게 아니라, 그런 정치를 가능하게 만든 국민의 무관심이 문제라고. 젊은 세대가 정치에 관심이 없는 게 아니라, 관심 가질 여유조차 빼앗아 가는 사회 시스템이 문제라고. 그 악순환을 끊지 않으면 아무것도 바뀌지 않는다고.

오영애, 소나무. 그는 정치의 중심에 서본 적도, 스포트라이트를 받은 적도 없다.

그러나 내가 아는 한, 이 시대 시민정치의 가장 따뜻한 얼굴은 언제나 그의 포장마차 불빛 아래에 있었다.

# 박시영

ID: 하마

## 노사모의 뒤를 지탱하던
## 든든한 얼굴

박시영, 노사모 아이디 '하마'. 유튜브 박시영TV 대표이자 정치컨설턴트, 여론조사 전문가다. 과거에는 윈지코리아 컨설팅 대표였고, 참여정부 시절에는 청와대 여론조사 행정관으로 일했다. 무엇보다 나에게 그는 노사모 중앙 사무국장이다.

노사모 활동을 막 시작했을 무렵, 나는 게시판에 아주 짧은 질문 하나를 남겼다.

"의정부에도 노사모가 있나요?"

곧바로 달린 답글은 나를 무척 당황스럽게 했다.

하마 박시영

“님이 만드세요.”

그 댓글의 주인공이 노사모 중앙사무국장이었던 박시영이었다. 그리고 그날 오후, 의정부·양주·동두천 지역 회원 약 50명의 명단을 이메일로 보내왔다. 난감했다. 나는 그저 만들어진 모임에 참여하고 싶었을 뿐이었기 때문이다.

그래도 주어진 일이라 생각하고 전화를 돌리기 시작했다. 당시 노사모는 지역별 오프라인 모임이 많지 않았고, 회원들 역시 처음부터 적극적인 활동을 하던 분위기는 아니었다. 경기북부에서는 고양·파주 노사모만 비교적 활성화돼 있었고, 그 외 지역에는 조직이 없었다. 그렇게 시작된 것이 의정부·양주·동두천, 이른바 '의양동 노사모'였다. 이후 구리·남양주 노사모가 자발적으로 만들어졌고, 노사모의 오프라인 조직은 중앙의 지시가 아니라 지역 회원들의 자발적 참여로 확장되었다.

그 과정에서 박시영은 늘 소통의 창구였다. 대선 기간 내내 전국 조직의 요구와 불만, 질문을 묵묵히 받아내며 전국이 하나로 움직이도록 실무를 조율했다. 서글서글한 성격으로 어떤 불편한 상황에도 내색하지 않던 사람, 말 많고 탈 많던 전국 조직을 실무로 버텨낸 친구였다.

노사모 오프라인 모임을 한 번도 가보지 못한 내가 첫 모임을 준비하려니 막막했다. 그래서 노원노사모, 성북노사모 등을 찾아다니며 분위기를 살폈다. 특별한 것은 없었다. 그냥 모여 노무현에 대한 생각을 자유롭게 이야기하는 자리였다. 하지만 놀라웠던 건, 나와 비슷한 생각을 가진 사람들이 이렇게 많다는 사실이었다.

그렇게 자신감을 얻어 의양동 노사모 첫 오프라인 모임을 열었다. 참석자는 나와 아내, 머릿수 채워주러 나온 보수 성향 지인 한 분, 김영준(김게바라) 선배 그리고 중앙 사무국장 박시영이었다. 실제로 전화 연락을 받고 나온 사람은 김영준 선배 한 명뿐이었다. 민망함을 감추지 못하는 나에게 박시영은 담담하게 말했다.

"처음에는 다 그래요."

그 한마디가 참 고마웠다. 그날의 모임은 그 자체로 충분히 의미가 있었다. 아내(임진강)는 동갑에 고향도 같은 박시영과 금세 친구가 되었고, 인연은 그렇게 이어졌다.

이후 의정부 노사모는 빠르게 성장했다. 광주 경선을 기점으로 오프라인 참석 인원이 급증했고, 처음부터 가족 단위 참여를 유도했던 방식은 의정부 노사모를 전국적으로 주목받게 만들었다. 당시 MBC는 제16대 대통령선거 국면에서 자발적 시민정치 참여를 다룬 시사 다큐멘터리를 제작했다. 노사모가 주인공인 다큐였다. 그 방송의 시작과 끝을, 가족 중심 모임이었던 의정부 노사모가 장식했다.

그렇게 박시영과의 인연은 23년을 이어오고 있다. 서로의 활동 공간은 달라 이제는 1년에 한두 번 연락하는 사이가 되었지만, 2002년의 인연은 가족처럼 연락이 없어도 늘 곁에 있는 존재로 남아 있다. 대선 이후 그는 청와대 행정관으로, 이후에는 정치평론가·정치컨설턴트·여론조사 전문가로 자신의 자리를 지켜왔다. 요즘은 유튜브 박시영TV 대표로서 대한민국 정치의 최전선에서 여전히 분주하다.

노사모의 수많은 이름 가운데 박시영 '하마'는 언제나 앞에 서기보다는 뒤에서 조직을 떠받치던 사람이었다. 그래서 더 오래, 더 분명하게 기억에 남는다.

# 한창민 의원

## 노무현의 시간을 지켜낸 사람

한창민은 2002년 노사모 활동을 통해 만난 후배다.

대전 지역 노사모 회원이었기에 자주 만날 기회는 많지 않았고, 전국 행사가 있을 때 몇 차례 마주한 인연이었다. 정확히 언제, 어디서 처음 만났는지는 기억나지 않지만 첫인상은 분명하다. 선한 얼굴 그리고 무엇이든 진지하게 대하는 태도. 조용하지만 안으로는 열정이 가득한 사람이었다.

우리는 드러나는 일보다는 보이지 않은 곳에서 궂은일을 맡는 성향이 비슷했다. 그때는 그것이 '궂은일'이라고 생각조차 하지 못

한창민 의원

했지만, 아마 그런 일들을 함께하며 자연스럽게 가까워졌을 것이다. 노사모 이후 그는 노무현 대통령과 관련된 재단과 단체, 정당에서 꾸준히 활동을 이어갔다. 활동 무대가 달라 직접 마주칠 기회는 많지 않았지만, 노무현 대통령을 향한 그의 열정과 헌신은 늘 선배인 나를 부끄럽게 만들었다. 나는 멀리서 그를 지켜보며 응원하는 마음을 놓지 않았다.

그는 노무현 대통령 묘소에서 3년간 '시묘살이'를 한 사람이다. 봉하마을을 찾는 시민들을 직접 안내하며, 묵묵히 그 자리를 지켰다. 내가 봉하에 갈 때 한창민의 안내를 받으며 조문했던 기억이 또

렷하다. 말이 많이 하지 않아도, 그의 행동은 언제나 분명했다. 노무현이 남긴 시간을 지켜내는 일이 자신의 몫이라고 여긴 듯했다.

이후 그는 국민참여당을 거쳐 정의당에서 활동하며 또 한 명의 정치적 스승, 노회찬을 만났다. 그의 정치적 뿌리는 분명하다. 노무현과 노회찬, 두 정치 거목에게서 받은 자산을 가슴에 품은 사람이다. 나는 그를 이렇게 기억한다.

'노무현의 시선'으로 세상을 보고, '노회찬의 실천'으로 정치를 해온 사람. 그는 늘 "노무현이 떠난 자리에서 시작해야 한다"라고 말하곤 했다.

비록 정당은 달랐지만, 나는 언제나 그의 행보를 응원해왔다. 그러다 오랜만에 그를 다시 만났다. 영등포의 허름한 닭볶음탕집에서였다. 우연히 마주친 그가 "소운님!" 하고 내 작은 체구를 와락 끌어안았다. 참으로 반가운 순간이었다. 이미 그가 사회민주당 공동대표이자, 지난 총선에서 비례대표로 국회의원이 되었다는 사실은 알고 있었지만, 그날의 만남은 각별했다. 각자 일행이 있어 긴 이야기를 나누지는 못했지만 마음은 충분히 전해졌다.

그 이후 우리는 12·3 비상계엄과 내란 사태 이후, 윤석열 탄핵을 외치던 광화문 집회 현장에서 자주 인사를 나눴다. 단상에 올라 사회민주당 대표로 연설하는 그의 모습을 보며 뿌듯하고 묘한 자부심을 느꼈다.

조용히 그러나 한 번도 노무현의 시간을 놓지 않았던 후배가 이제는 국회의원이 되어 있었다.

지금의 한창민은 사회민주당 당대표이자 국회의원이다.

노무현재단 경영기획본부장, 정의당 대변인과 부대표, 정의당 대전시당 위원장, 노무현재단 대전·세종·충남 공동대표를 거쳐 이 자리에 왔다.

그의 정치는 요란하지 않다. 그러나 오래 버텼고, 끝내 여기까지 왔다.

노무현을 증언하는 방식이 사람마다 다르다면, 한창민의 방식은 지키는 것이었다. 그리고 그는 지금도 그 일을 계속하고 있다.

# 함효건

ID: 게릴라

## 한결같은 신뢰를 보여준 후배이자 동지

함효건(아이디:게릴라)은 노사모를 통해 수많은 인연을 만났지만, 23년이라는 시간을 한결같은 모습으로 나에게 신뢰를 보여주는 고마운 후배이자 동지다.

노사모 활동 시기, 함효건은 경기도 부천에서, 나는 경기도 의정부에서, 각자 삶의 공간에서 활동했기에 함께할 시간이 많지는 않았다. 노사모 이후 '생활정치네트워크 국민의 힘'에서 나는 공동대표로, 함효건은 사무처장으로 함께하게 되었다. 가장 치열한 활동을 한 시기이다.

게릴라 함효건

이후 우리는 열린우리당에 참여하며 결성했던 당내 정파 조직 '국민참여연대'를 만들고, '당권은 당원에게'라는 슬로건을 내세우며 당원 권리 확대를 위해 노력을 했다.

당원이 주인이 되는 정당을 위해 우리는 주장만 하지 않았다. 국회의원 중심의 논의 구조를 깨고 평당원들로서 당의 핵심 논의 구조에 참여하기로 선언했다. 당시 가장 중요했던 논의 구조는 전국 72명의 중앙위원으로 구성되는 중앙위원회였다. 우리는 중앙위원 출마를 선언했다.

당시 중앙위원은 각 시도별 대의원의 투표로 선출했다. 우리는

‘대의원되기 운동’에 적극적으로 행동했다. 하지만 당시 국회의원 중심으로 구성되는 대의원이 되기는 쉬운 일이 아니었다. 어려운 정치 환경에도 우리는 확보된 대의원을 기반으로 열린우리당의 최고 논의·결정기구인 중앙위원에 도전하게 되었다. 정청래 국회의원을 제외하고 모두 평당원이었던 우리가 중앙정치의 중심으로 들어가기란 결코 쉬운 길이 아니었다.

정청래(싸리비)는 서울특별시 중앙위원, 이상호(미키루크)는 전국청년위원장(중앙위원 겸직), 나호주(자유인) 선배는 부산광역시 그리고 경기도 중앙위원에 나 심화섭(소운)이 출마했다.

경기도의 경우 11명의 중앙위원을 선출했다. 1등을 한 사람이 경기도당 위원장이 되었다. 경기도에는 약 2,400여 명의 대의원이 있다. 지역구별로 약 40여 명이 할당되어 있었다. 물론 그 대의원들은 지역위원장인 국회의원들의 절대적인 영향하에 있던 사람들이었다. 현실적으로 승산이 없는 게임이었다.

경기도에는 21명이 출마했다. 그중 국회의원과 도의원 등이 15명 이상이 출마했다. 다수의 국회의원과 도의원들이 출마한 상황에서, 평당원이 당선된다는 것은 현실적으로 거의 불가능해 보였다.

하지만 우리에게 유리한 것이 하나 있었다. 우리는 노사모부터 함께해온 전국 네트워크를 갖고 있었다. 비록 각 지역구별로 소수만이 대의원이 됐지만, 광역 단위에서는 그 수가 적지 않았다.

우리는 전국적 네트워크 기반으로 한 이삭줍기 전략을 세웠다.

한 지역구에 많은 대의원을 확보하기 어려웠지만, 5, 6명의 대의원을 확보하고 이들을 경기도 전체에 연대하는 전략이었다. 각 지역마다 노사모 활동을 하며 열린우리당에 가입한 수많은 노사모 회원들이 있었다. 그들은 적극적으로 '대의원 되기 운동'에 동참했다.

결국 최종적으로 1인 4표제에서 나는 426표를 얻어 당당히 중앙위원에 당선되었다. 기적 같은 일이었다. 하지만 이는 기적이 아니었다. 함효건을 중심으로 경기도 곳곳에서 활동하던 과거 노사모와 '생활정치네트워크 국민의 힘' 동지들이 하나가 되어 뛰어주었기에 얻은 성과였다.

우리는 결국 승리했다. 그렇게 나는 중앙위원으로, 함효건은 열린우리당 경기도당 총무국장으로서 중앙정치와 지역정치를 함께 경험하게 되었다.

20년이 지난 2025년 더불어민주당은 당원이 주인인 '당원주권정당'을 표방하고 있다. 참 긴 시간이 걸렸다. 이재명 당대표와 정청래 당대표를 거치며 탄력을 받고 있지만, 기득권을 놓지 않으려는 일부 국회의원들의 저항이 만만하지 않다.

하지만 이제 분위기는 무르익었다. 도도한 강물이 굽이치며 흐를지언정 결국 바다로 가듯, 당원이 주인인 진짜 '당원주권정당' 더불어민주당의 모습을 머지않아 볼 것이라 믿는다.

2007년 제17대 대통령 선거 대통령 후보는 정동영 의원이었다. 우리는 선거대책위원회에서 함께 일했다. 그 당시 우리의 선임자가 바로 이재명 변호사, 지금의 이재명 대통령이었다. 당시 우리는 최선을 다해 선거운동을 했다. 노무현 대통령의 성공은 '정권창출' 있기 때문이었다.

그러나 그 선거는 나에게 정치에 대한 깊은 회의와 실망을 안겨주었다. 결과보다 더 참담했던 것은 사분오열된 대통합민주신당의 모습이었다. 노무현 대통령을 지키는 선거라고 믿었던 나에게, 당시 자신들만이 친노라고 떠들던 기득권 정치인들의 행태는 견디기 어려운 실망이었다.

그렇게 나는 정치를 떠났다. 직업정치를 꿈꾸지 않았던 나에게는, 어쩌면 무책임하지만 나다운 선택이었다.

그럼에도 함효건은 내 선택을 한 번도 비판하지 않았다. 오히려 늘 응원해주었다. 오랜 시간 함께 일하며 쌓아온 신뢰 때문이었다. 우리는 정치적 이해관계로 서로를 재단하지 않았다. 작은 이익에 연연하지 않는 태도, 그것이 지금까지의 관계를 설명하는 유일한 이유다.

함효건은 흔들리지 않는 사람이다. 주어진 상황 속에서 최선의 길을 찾는 사람이다. 지금도 그는 세상을 바꾸는 일의 중심에 서 있다. 이재명 대통령이 경기도지사 시절부터 이야기해온 산업화

30년, 민주화 30년을 넘어 '기본사회' 30년으로 가는 대장정, 그 한복판에 그가 있다. 기후위기와 AI 시대를 위기가 아닌 기회로 만들기 위한 준비, 그 이름이 바로 '기본사회'다.

현재 그는 사단법인 기본사회 사무총장으로 활동하고 있다. 21대 대선에서는 중앙선대위 후보총괄 특보단 기본사회특보단장, 후보직속 기본사회위원회 부위원장으로 일했다.

그 이전에도 성남시청 시정분석관, 이재명 경기도지사 후보 정무특보, 열린우리당 경기도당 총무국장, 휴먼리서치 여론조사기관 대표 등 수많은 현장을 거쳤다.

그러나 직함보다 중요한 것은 하나다. 그는 늘 정책을 현실로 옮기는 자리에 있었다는 사실이다.

나는 그를 믿는다.

그리고 그 믿음은 23년의 시간 위에 놓여 있다.

# 조아세

〈조선일보〉 없는 아름다운 세상

## 언론권력을
## 묻다

'조아세'는 사람 이름이 아니다.

'〈조선일보〉 없는 아름다운 세상'의 약자이자, '안티조선' 운동의 공식 명칭이다.

1987년 민주화 이후 언론의 형식적 자유는 확대되었지만, 미디어 시장의 구조는 크게 달라지지 않았다. 조중동으로 대표되는 거대 보수언론은 여전히 정치·경제 엘리트의 정보 권력을 거의 독점했고, 여론 형성의 중심에 서 있었다.

이 시기부터 시민들은 깨닫기 시작했다. 정권만 바뀐다고 민주

'조아세' 활동 당시 심화섭

주의가 완성되지 않는다는 사실을. 언론 권력에 대한 감시와 견제가 필요하다는 자각이 그렇게 시작되었다.

조중동, 그중에서도 〈조선일보〉는 군부독재 협력, 반공 보수 프레이밍, 재벌 친화적 보도, 노동·민주화운동 폄훼 기사들을 끊임없이 생산해왔다. 특히 노무현 대통령 시기, 〈조선일보〉는 반노무현 보도의 최전선에 섰다. 정책 비판을 넘어 인신공격과 프레임 조작에 가까운 기사들이 일상처럼 쏟아졌다.

조아세는 바로 이 지점에서 출발했다. 특정 신문 하나를 미워하기 위한 조직이 아니라, 〈조선일보〉가 상징하는 기득권인 재래식 언론 구조 자체를 넘어가자는 언론개혁 운동의 선봉이었다. 언론을 권력의 감시자가 아니라 또 하나의 권력으로 인식하고, 시민의 힘으로 견제하겠다는 선언이었다.

그 시절, 정말 많은 활동가들이 있었다. 실명보다는 아이디로 더 많이 불렸다. 포청천, 독립군, 그물에 걸린 바람, 불암산, 무착…. 지금 떠올려도 그 이름들이 생생하다. 밤을 새워 기사를 분석하고, 왜곡을 지적하고, 불매운동과 광고 중단 캠페인을 조직했다. 조직도, 자본도 없었지만 분노와 연대 그리고 유머가 있었다.

조아세는 거대한 언론을 단번에 무너뜨리지는 못했다. 그러나 분명한 흔적을 남겼다.

언론은 중립적이지 않다는 사실, 신문도 비판의 대상이 될 수 있다는 상식 그리고 시민이 여론의 객체가 아니라 주체가 될 수 있다는 가능성.

조아세는 하나의 단체라기보다 하나의 시대적 질문이었다.

"이 언론은 누구의 편인가?"

그 질문은 지금도 여전히 유효하다.

# 이경섭

ID: 무착

## 희망을 저금하다

이경섭(ID: 무착)은 노무현 대통령 후보를 상징했던 '희망돼지'를 처음 제안한 사람이다. 지금은 하나의 아이콘이 된 희망돼지의 시작에는, 늘 그렇듯 거창하지 않은 시민들의 고민과 토론이 있었다.

처음 만난 날은 2002년 3월 1일, 노사모 북한산 등반대회였다. 문성근 선배(문짝)와 함께 같은 테이블에 앉아 많은 이야기를 나누었다. 활동 지역이 강북구였던 덕분에 이후에도 자주 만날 수 있었고, 특히 이경섭 선배는 의정부 노사모를 각별히 아껴주었다. 의양동 노사모가 막 뿌리를 내리던 시절, 거의 빠짐없이 찾아와 격려해

'희망돼지' 활동 당시 심화섭

주었고 많은 도움을 주었다.

한때 언론사 사진기자로 일했던 그는 노사모 활동과 우리 아이들의 모습을 사진으로 많이 남겨주었다. 그 기록들은 지금도 그 시절을 떠올리게 하는 소중한 흔적이다.

'희망돼지'가 처음 이야기된 자리도 의정부 노사모였다.

늘 1차 장소로 모이던 '고스락감자탕'에서 부부 노사모들과 아이들이 함께 어울리며 토론을 하던 7월 중순 어느 날, 2차로 근처 카페에 자리를 옮겼다. 그 테이블에 이경섭 선배와 나, 이재석(ID: 연탄재), 정상철 등이 함께 앉았다. 당시 우리는 안티조선 활동에 한창이었고, '노무현 후보에게 실질적으로 도움이 되는 일이 무엇일까'를 진지하게 고민하고 있었다.

그때 이재석이 과거 GT클럽(김근태 팬클럽)에서 돼지저금통으로 후원금을 모으려 했던 경험을 이야기했다. 성과는 크지 않았다는 말과 함께였다.

하지만 모두가 같은 마음이었다.

그래도 한번 해보자.

문방구에서 보기에도 부담스러울 만큼 큰 돼지저금통을 몇 개 사 오면서, '이걸 다 채우려면 시간이 꽤 걸리겠구나' 생각했던 기억이 난다.

일주일 뒤인 8월 초, 유인태 전 의원의 성균관대 강연 자리에서 이경섭 선배는 작고 예쁜 희망돼지 저금통 한 박스를 들고 나타났다. 그 자리에서 "이걸 채워서 노무현 후보에게 후원하자"라고 제안했고, 귀여운 돼지저금통은 순식간에 동이 났다. 이 소식이 중앙 사무국에 전달되었고, 여기에 불을 붙인 사람이 바로 이상호(미키루크)였다. 역시 흥행의 마술사였다.

그렇게 희망돼지는 전국으로 번졌다. 거리에서 나눠지고, 전국 곳곳에서 저금통이 채워졌다. 그러나 곧 선관위는 이를 노무현 후보의 상징물이라며 공직선거법 위반으로 문제 삼았고, 전국에서 약 50여 명이 벌금을 받았다. 문성근 선배도 조사를 받았던 것으로 기억한다. 나 역시 의정부역 앞에서 희망돼지를 나누어주던 노사모를 대표해 고발되었고, 대법원에서 최종 80만 원의 벌금을 냈다.

이경섭 선배는 이후 노사모를 넘어 인터넷 정당 '정정당당' 그리고 2003년 창립한 '생활정치네트워크 국민의 힘'의 초대 공동대표로 활동했다. 당시 공동대표는 지금의 정청래 더불어민주당 당대표와 김석종(늘비) 형님이었다. 이경섭 선배는 그중에서도 언론개혁을 맡아, 안티조선 활동과 〈조선일보〉와의 법정투쟁을 이끌었다. 내가 2기 공동대표를 맡았을 때도, 선배가 시작한 언론개혁의 흐름을 이어받아 소송에 함께 참여했다.

그의 안티조선 활동은 한 번도 굽힘이 없었다. 포청천, 독립군, 그물에 걸린 바람, 김창수(불암산) 선배 등과 함께, 안티조선 역사에서 가장 치열했던 시기를 만들어냈다. 별도로 '〈조선일보〉 없는 아름다운 세상(조아세)'을 조직해 안티조선 신문과 〈딱〉이라는 소책자를 만들어 배포했고, 특히 명절이면 귀향길 시민들에게 거의 10만 부에 달하는 신문을 나눴다.

지금도 선배들은 여러 단체와 연대하며 〈조선일보〉와 레거시 미디어의 문제를 끊임없이 지적하고 있다. 유튜브 등 새로운 미디어의 등장으로 영향력이 약화되었다고는 하지만, 여전히 조중동은 레거시 미디어의 중심에서 내란을 옹호하고 이재명 정부를 흠집 내려는 편향 보도를 이어가고 있다.

그래서 아직 싸움은 끝나지 않았다.

이경섭, 무착. 그는 희망을 말로 외친 사람이 아니라, 희망을 저금통에 담아 행동으로 보여준 사람이었다.

# 김명렬

ID: 영원한 미소

## 김민기의
## '뒷 것' 같은 삶

1984년 학원자율화조치로 대학 내의 사복경찰(백골단)이 모두 빠져나갔다. 자연스럽게 학내 데모는 일상이 되었다. 정문에서 대치를 하며 학생들은 돌과 화염병을 던지고, 전투경찰은 최루탄과 사과탄을 던지고, 급기야 페퍼포그차로 캠퍼스 전체를 최루가스로 뒤덮던 시절이 있었다.

저녁이 되면 학교 앞 술집에서 술을 마시며 민중가요를 불렀다. 그때 우리의 울분을 담아냈던 노래들은 대부분 김민기님이 작사·작곡한 노래들이었다. 그는 '배우와 관객은 앞 것이고, 나는 뒷 것'

영원한 미소 김명렬, 심화섭, 이상호(왼쪽부터)

이라 말하며 소극장 학전을 열었다.

내가 노사모와 생활정치네트워크 국민의 힘을 할 동안, 아니 지난 23년의 시민정치를 할 동안 '뒷 것'을 자처하던 선배가 있었다.

김명렬, 영원한 미소, 우린 그를 '미소형'이라고 불렀다.

그는 나서지는 않지만 언제나 응원만으로도 사람을 움직이게 하는 사람이다. 어떤 상황에서도 먼저 다독이고, 조용히 용기를 건네는 선배였다.

노사모 시절에는 노사모 축구동호회 회장으로 활동했고, 이후 생활정치네트워크 국민의 힘 제2기 공동대표를 맡았다. 당시 공동대표는 이상호(미키루크)와 나 심화섭(소운)이었다.

이상호의 정치개혁을 향한 열정은 늘 크고 작은 정치적 이벤트의 연속이었고, 나의 언론개혁은 안티조선과의 치열한 싸움의 연속이었다. 〈조선일보〉 규탄집회와 각종 행동들은 늘 긴장과 소모를 동반했다.

그 모든 활동에서 김명렬 선배는 뒷받침이 되어주었다. 두 공동대표가 마음껏 뛰도록, 뒤에서 조직을 정비하고 사람을 챙겼다. 집회가 가능하도록 회원들을 독려했고 일정과 흐름을 조율했다.

우리는 마치 선배가 차려준 밥상에 숟가락만 얹은 셈이었다. 그럼에도 그는 결코 공을 말하지 않았다. 자신의 역할을 드러내기보다 일이 굴러가게 만드는 데 집중했다. 조직을 유지하는 힘이 무엇인지 아는 사람이었다.

각자의 삶으로 흩어진 이후에도, 그는 사람들을 다시 이어주었다. 안부를 묻고, 관계를 잇는 연결 끈의 역할을 묵묵히 해왔다.

23년간 한결같은 선배님의 챙김이었다. 그리고 현실정치에 참여를 결심한 나에게 가장 든든한 조력자임을 부인하지 않는, 영원한 미소 김명렬 선배.

# 장형철

ID: 처리

## 타고난 기획 능력과 판단으로
## 시대를 움직이는 사람

장형철(ID: 처리)을 처음 본 것은 2002년 9월, 부천 복사골 문화센터였다. 노사모에게 매우 중요한 선택의 시간이었다. 후단협이 노무현 대통령후보를 끌어내려고 혈안이 되었던 그 시기, 우리는 노사모가 추진하던 '정정당당'와 유시민이 제안한 '개혁국민정당' 중 어느 하나를 선택하기 위한 토론회 자리를 갖게 되었다.

부산 노사모를 대표해 참석한 그는 고작 스무 살 후반의 청년이었지만, 단상에 나가 논리적이면서도 유머를 잃지 않는 말솜씨로 청중을 단숨에 사로잡았다. 그날 나는 이 청년이 범상치 않음을 직

처리 장형철

감했다.

노사모 시절, 부산에 있던 장형철과는 교류가 많지 않았다.

그와 본격적으로 함께 활동하게 된 것은 생활정치네트워크 국민의 힘 시기부터였다. 국민의 힘에서 그는 사무처장을 맡아 타고난 기획력과 논리 정연한 필력으로 대부분의 행사를 직접 설계했고, 우리 활동의 뼈대를 만들었다. 이상호가 던진 아이디어를 현실화시키며 행동의 동력을 완성시키는 사람, 바로 장형철이었다.

생활정치네트워크 국민의 힘은 약 2만 명의 회원을 가진 전국 조직이었다. 서울 중심의 활동이 많았지만, 일부 프로그램은 전국을 순회하며 진행되었다. 장형철의 기획력은 탄핵 국면에서 더욱 빛을 발했다. '국민을 협박하지 말라' 사이트를 통해 10만 명을 모았고, 광화문 집회에서 3천여 명의 자원봉사자를 조직했다. 여의도 집회, 광화문 촛불집회 그리고 탄핵 당일의 현장까지. 수십만 명의 집회를 준비하면서도 늘 질서와 체계가 있었던 것은 바로 그의 기획능력에 기인한다.

이후 그는 참여정부 청와대 혁신추진 실무팀 행정관으로 파견되어 정부의 일원이 되었고, 정동영 국회의원 보좌관을 거치며 국회 실무를 익혔다. 이재명 성남시장을 도와 성남시 공공갈등조정관으로도 일했다. 청와대, 국회, 시 행정에 참여했던 이력에서 보듯 그의 경험은 정치와 행정을 모든 아우르는 통찰 능력을 갖게 했다.

나는 그에게 "이제 당신 정치를 해야 하지 않겠느냐"라고 물은 적이 있다. 그는 "성남시에서 일하며 이재명 시장의 역량과 미래 비전에 확신을 갖게 됐다. 제 정치 계획보다 이 일에 함께하는 것이 더 가치 있다고 생각한다"라고 답했다. 후배였지만, 그 순간 나는 그의 혜안에 탄복했다.

2017년 대선 이후 그는 문재인 정부 청와대 국민소통수석실 선임행정관으로, 2020년 민선7기 오거돈 부산시장 정책수석을 수행하며 시정책의 방향, 속도, 소통 등 시정 전반에 걸친 컨트롤타워 역할을 했다.

그리고 다시 이재명 도지사의 부름을 받아 경기연구원 경영부원장으로 근무하며, 이재명 지사와 정치적 동지관계를 이어갔다.

그가 꿈꾸던 이재명 대통령의 시대는 현실이 되었다. 하지만 그는 수많은 기회를 뒤로하고, 자신이 가장 잘할 수 있는 자리에서 일하고 있다. 그 일을 행복해하며.

그는 모 여론조사기관에서 정치 관련 컨설팅을 하고 있다. 그러나 그는 '여론조사전문가'라는 타이틀을 부담스러워한다. "그냥 여론조사업체에서 일하는 사람일 뿐이다"라고 말한다. 그는 "개별결과보다는 흐름을, 문항설계와 조사 타이밍의 영향을, 조사주체의 의도와 성향을 종합적으로 판단하되, 조사는 조사일 뿐"이라며 거리두기를 하는 사람이다. "데이터의 정확성만큼이나 결국은 직관 통찰의 힘이 필요한 분야"라고 말한다.

그가 말한 의미를 다 이해하기는 어렵다. 하지만 그는 많은 정치인들에게 가능성을 만들어주고 있다.

그는 현재 한겨레 TV '공덕포차'에 고정 패널로 참여하고 있다. 처음의 어색함을 넘어 위트 있는 말솜씨로 무거운 주제를 즐겁게 풀어나가고 있다. 내가 처음 장형철을 보았을 때의 그 모습이다. 그의 말에는 꾸밈이 없다. 솔직 담백하다. 그래서 그의 방송은 언제나 즐겁고 세상을 판단하는 좋은 기준이 된다.

그의 방송 후 페이스북에 이런 글을 올린 적이 있다.

"내용은 있지만 재미는 없다"라는 댓글을 보고 "살아오면서 내용은 몰라도 재미는 있다고 평가받았는데… 발전인지, 퇴보인지"라고 했다.

그의 방송은 "내용도 있고 재미도 있다".

# 백은종

ID: 초심

## 온몸을 불사르며 지키려 한 것,
## 민주주의

백은종은 지금 대한민국의 언론인이자 유튜버다.

그는 이름보다 '초심'이라는 호칭이 더 익숙한 사람, 인터넷 언론 매체 〈서울의 소리〉의 대표다.

2004년 3월 초, 개강 직후였지만 여의도 국회는 이미 묘한 긴장에 휩싸여 있었다. 노무현 대통령의 일부 발언을 문제 삼아 선거 개입이라는 억지 논리를 내세우며, 탄핵이라는 어두운 그림자가 서서히 드리우고 있었다. 당시 열린우리당은 '설마 대통령을 탄핵하겠는가'라며 총선 준비에 여념이 없던 시기였다. 그러나 당시 생활

초심 백은종

정치네트워크 국민의 힘 공동대표였던 이상호는, 신한국당 의원들과 탈당한 민주당 일부 의원들이 실제로 탄핵을 강행할 것이라 판단했다.

판단이 서자 우리는 기다리지 않았다. 3월 초부터 여의도 국민은행 앞에서 매일같이 거리 집회를 열었고, 다가올 거대한 싸움에 대비하기 시작했다. 그 과정에서 만들어진 다음 카페가 바로 '국민을 협박하지 말라'였다. 탄핵 시도가 현실이 될 것임을 분명히 알리고 네티즌들의 참여를 촉구한 이 카페는 불과 일주일 만에 7만 명에 가까운 회원이 모였다.

여의도 집회는 계속되었다. 아내도 대학원 수업을 포기하고 함께 거리로 나섰고, 수많은 시민이 매일같이 현장을 지켰다. 그러던 3월 11일, 여의도 탄핵 반대 집회 현장에서 한 평범한 구둣가게 사장이 자신의 몸에 불을 붙였다. 그 분신은 현장에 있던 나를 포함해 모두에게 충격을 안겼다.

백은종은 의정부 노사모 회원이었다. 2002년 의양동 노사모 첫 모임을 준비하며 전화 작업을 할 때 명단에서 그의 이름을 본 기억이 있다. 다만 오프라인 모임에는 나오지 않았기에, 사고 이전에는 그를 알지 못했다. 3월 11일 늦은 밤, 나는 집회 진행을 돕기 위해 단상 앞에 서 있었다. 그때 국민은행 쪽에서 치솟은 불길이 보였고, 곧 타는 냄새가 코를 찔렀다. 순간 '분신'이라는 생각이 들었다.

나는 정신없이 그쪽으로 뛰었다. 이미 안병화, 정경진(노엘) 등이 입고 있던 패딩을 벗어 불길을 잡고 있었고, 누군가는 소화기를 가져와 불을 끄고 있었다. 119에 연락이 되었고, 그는 가까운 화상 전문 병원인 한강병원으로 이송되었다. 나 역시 병원으로 달려갔지만, 그때까지도 신원을 알지 못했다. '노무현 대통령이 탄핵되면 나도 죽겠다'라고 말하던 여성 회원이 떠올라, 몇 번이고 그녀에게 전화를 걸었지만 받지 않았다. 미칠 것 같았다.

그러나 환자는 남성이었고, 그가 바로 백은종 형님이었다. 처음에는 그저 의정부에 사는 분이라는 정도로만 알았다가, 뒤늦게 의정부 노사모 회원이었음을 알게 되었다. 그는 전신 3도 화상을 입어 오랜 시간 중환자실에서 치료를 받아야 했다. 병원비와 간병을 위해 정말 많은 사람들이 나섰고, 특히 생활정치네트워크 국민의힘 공동대표였던 김명렬(영원한 미소) 선배의 헌신은 잊을 수 없다. 여러 차례 피부 재건 수술 끝에 그는 기적처럼 회복했다.

회복 이후의 백은종은 이전과 다른 사람이었다. 그는 말 그대로 다시 태어났다. 이후 그는 민주투사가 되었고, 언론인이 되었다. 다만 그가 택한 방식은 기성 언론과 전혀 달랐다. 그는 스스로 '응징 취재'라 부르는 방식을 선택했다. 친일 발언, 극단적 보수 발언, 민주주의를 훼손하는 언행을 일삼는 인물들을 직접 찾아가 거침없이 비판했다. 그 대상은 주로 지금의 국민의힘 계열 정치인들이었고, 때로는 우파 유튜버나 극우 성향의 아스팔트 운동가들이었다. 그로 인해 수많은 고발과 소송을 겪었지만, 그는 멈추지 않았다.

〈서울의 소리〉에는 김건희와의 7시간 통화 녹취로 알려진 이명수 기자도 함께하고 있다. 김건희의 '디오르 백 사건' 역시 이 매체와 깊이 연관된 보도였다.

백은종은 1953년생, 올해로 일흔둘이다. 그러나 그는 지칠 줄 모른다. 지난 21대 대통령 선거 기간에도 전국을 돌며 지원 유세를 했고, 내가 속한 의정부을에도 찾아와 몇 시간씩 선거운동을 했다. 그의 에너지는 이미 육체의 피로를 넘어선 사람의 것이었다.

백은종은 사회운동가이자 언론인 그리고 유튜버다. 기성 언론과 언론인들이 그를 어떻게 평가하는지는 중요하지 않다. 나는 상식을 벗어난 부정과 위선을 향해, 날것 그대로 돌진하는 그의 방식을 응원한다.

부정한 짓을 저지르면 그의 응징을 받게 될 것이다. 나는 그를 알기에, 애초에 그런 일을 만들 생각조차 감히 할 수 없다.

# 이일희 대장과 팀

이일희, 천세영, 정성채, 이상림, 서영숙, 김용범, 최영규

## 극한을 극복하며 배운 삶의 태도

2007년, 정동영 대통령 후보는 낙선했다.

'경제 신화'라는 허상을 앞세운 이명박이 대통령에 당선되었다. 대선 패배는 뼈아팠지만, 나를 더 힘들게 했던 것은 내부 분열이었다. 나는 노무현 대통령을 지키기 위해서, 아니 성공한 대통령으로 남기기 위해서 반드시 정권 재창출이 필요하다고 믿었고 그 선택으로 정동영 후보를 지지했다. 그러나 정동영 캠프는 사실상 외톨이였다. 중앙 선대위도, 지역 선대본도 제대로 움직이지 않았다. 친노 진영과의 극심한 대립 속에서 끝내 서로를 품지 못했다. 누구의 잘

이일희 등반 대장

못인지는 굳이 말하지 않겠다.

그 이후 나는 깊은 정치 혐오에 빠졌다. 정치라는 것이 자신의 입지를 위해서는 공동의 승리마저 포기할 수 있다는 사실에 진절머리가 났다. 그렇게 나는 다시 캠퍼스로 돌아왔고, 마음의 안정을 얻기 위해 평소 좋아하던 산행을 다시 시작했다. 당시 유행하던 릿지 산행을 혼자 다니기 시작했는데, 지금 돌이켜보면 무모한 선택이었다. 릿지 산행은 위험하고, 특히 단독 릿지 산행은 절대 해서는 안 될 일이다. 릿지 산행이 능숙한 사람들이 쉽게 올라가는 바위 앞에서 실제 초보자는 오도 가도 못하는 심각한 상황을 맞게 되기 때문이다. 나도 몇 번의 위기상황을 겪고 릿지 산행을 포기하게 되었다. 릿지 산행보다 안전한 산행을 찾다 외견상 더 위험해 보이는 암벽등반에 입문하게 된다.

2008년 4월, 나는 등산학교에 등록했다. 암벽등반은 겉보기엔 더 위험해 보이지만, 장비와 안전 수칙을 지키면 오히려 훨씬 안전한 운동이다. 등산학교에서 기초를 다지고 인수봉 졸업등반에 올랐다. 고소공포증에 시달리며, 위에서 당겨주는 로프(자일)에 이끌리듯 정상에 올라섰다. 정말 짜릿한 경험이었다. 게다가 인수봉 정상 맞은편 봉우리인 백운대 정상의 일반 등산객들이 보내준 환호를 들으며 뭔가 해냈다는 성취감도 맛볼 수 있는 경험이었다. 그렇게 암벽등반에 빠져들었고, 의정부의 실내 스포츠클라이밍 클럽 '샤모니'에 등록했다.

그곳에서 나는 인생의 스승을 만났다. 바로 이일희 대장이다. 암벽 등반가이지만, 그는 늘 조용하고 섬세했다. 웬만한 일에는 흥분하지 않고, 화를 내는 법도 거의 없다. 무엇보다 그는 겸손했다. 교만과는 거리가 먼 사람이었다. 암벽등반에서 가장 이상적인 성품을 가진 사람이라 생각한다.

암벽등반은 철저한 팀 운동이다. 한 사람이 아무리 뛰어나도 시스템이 무너지면 등반은 성립되지 않는다. 실수는 곧 죽음으로 이어질 수 있고, 최소한 중상이다. 그래서 암벽에서는 결코 자만해서는 안 된다. 정해진 루틴대로 안전장치를 하면 암벽등반에서의 위험을 급격히 줄어든다. 하지만 실력과 경험이 쌓일수록 신기하게도 사람들은 자만하게 된다. 그래서 약간의 실력과 경험이 쌓였을 때가 가장 위험하다. 작은 실수는 자신의 목숨뿐 아니라 동료의 목숨까지 위협한다. 흥분하거나 불필요하게 말을 늘어놓는 것 또한 치명적이다. 이 모든 태도는 암벽뿐 아니라 인생에서도 그대로 통한다. 18년간 그와 함께 등반하며 내가 배운 가장 큰 교훈이다.

이일희 대장의 등반 모습은 마치 암벽 위의 발레리나 같았다. 힘으로 밀어붙이지 않고, 균형을 유지하며 발을 사뿐히 옮기는 등반 모습은 언제 봐도 감탄을 자아냈다. 그렇게 그를 중심으로 팀이 만들어졌다. 그는 분명한 등반 철칙을 가진 사람이었다. 암벽 시즌이 시작되었다고 곧바로 인수봉이나 선인봉 같은 거벽에 오르지 않는다. 3~4월 두 달 동안은 반드시 기초 훈련부터 한다. 우리는 매주 수락산 내원암, 불곡산 한성대 암장 등에서 기본기를 다졌고, 5~6월에 거벽에 올랐다. 여름에는 거벽보다 설악산, 대둔산 등 릿지 암벽을 택했고, 가을이 되면 다시 거벽으로 돌아왔다.

또 하나의 철칙은 모든 상황에서 안전장치를 철저히 설치하는 것이었다. 번거롭고 귀찮은 작업이지만, 이 장치 하나가 거의 모든 위험을 막아준다. 아이러니하게도 숙련될수록 이 안전의 중요성을 잊기 쉽다. 나는 이일희 대장과 18년 동안 함께 암벽을 오르며 단 한건의 사고도 없었다. 다 그의 등반 철학이 등반팀에 녹아 있었기에 가능했던 일이다. 2024년 이후 정당 및 사회 활동 때문에 잠시 멈췄지만, 암벽에 대한 기대는 여전히 마음속에 남아 있다.

암벽등반은 인생의 축소판이다. 정상까지 5~6시간을 오르며 매 순간 추락의 공포와 마주한다. 그러나 한 마디(약 30m)를 오를 때마다 찾아오는 희열은 삶의 작은 성취와 닮아 있다. 목표 하나를 이루면 또 다음 목표를 향해 오르는 반복. 그렇게 정상에 도달했을 때의 감정은 경험해본 사람만이 안다.

그러나 가장 위험한 순간은 정상에 도달했을 때다. 그 기분에 취해 머뭇거리면 곧바로 위험이 다가온다. 암벽은 오를 때보다 하강할 때가 더 위험하다. 하강 시간을 놓치면 하강 포인트에 사람이 몰리고, 어둠 속에서 하강을 하게 되면 치명적인 상황이 벌어질 가능성이 커진다.

인생에도 각자가 오르고 싶은 정상이 있을 것이다. 그 정상까지는 수많은 땀과 노력이 필요하다. 하지만 정상에 머무는 시간이 길어질수록 위험해진다. 그리고 정상에서 성취감에 취한다면 자신도 모르게 위험이 다가오게 된다. 인수봉에서 하강 준비는 오래 걸리지만, 막상 내려오는 데는 2~3분이면 충분하다. 가장 높은 자리에서 내려오는 것은 언제나 순식간이다. 인생도 그렇다.

4장

# Fan

## 의정부, 새로운 인연의 씨앗을 뿌리다

WINS

의정부는 결혼과 함께 정착한 후 30여 년을 살아온 제2의 고향인 곳이다. 우리 아이들이 태어난 곳이자, 내 삶의 터전인 신한대학교가 있는 공간이다. 평범한 일상을 누렸던 이곳에 정치인 심화섭으로 전과 다른 느낌으로 다가선다. 정치인으로 나서는 순간, 익숙한 이름들보다 서로를 알아가는 단계의 사람들과 마주하는 시간의 시작이었다. 시장이라는 새로운 역할에 도전하며, 나는 이 도시의 일상과 현장 속으로 한 걸음 더 깊이 들어가게 된다.

의정부에서의 만남들은 이전과 달랐다. 정치적 구호보다 삶의 언어가 먼저였고, 이념보다 생활의 문제가 앞에 놓여 있었다. 골목에서, 시장에서, 작은 간담회 자리에서 만난 사람들은 각자의 방식으로 이 도시를 걱정하고 있었다. 그들의 말 속에서 나는 내가 왜 다시 정치의 한복판으로 들어오게 되었는지를 확인했다.

이곳에서 만난 정치인들, 동지들 그리고 이름 없는 지지자들은 나의 비전을 더욱 구체적인 얼굴로 만들어주었다. 정치는 멀리 있는 것이 아니라, 이렇게 서로의 삶을 마주하며 신뢰를 쌓아가는 과정임을 다시 배웠다. 의정부에서 뿌린 작은 인연의 씨앗들은, 시간이 지나 이 도시를 움직이는 힘이 될 것이라 믿는다.

이 장은 그 시작에 대한 기록이다. 익숙했던 공간에서 새로운 땅으로, 익숙했던 사람들에서 새로운 사람들과 함께 다시 정치를 배워 가는 과정에 대한 이야기다.

# 문희상
# 전 국회의장

## 의정부에서 가장 존경받는 정치인
## 그리고 반드시 넘어야 할 산

문희상 의장은 내가 의정부에서 만난 정치인 가운데 가장 존경하는 인물이다. 동시에, 지역 정치의 변화를 이야기할 때 결코 비켜 갈 수 없는, 반드시 넘어야 할 산이기도 하다.

의정부시 행복로 인근에서 오랜 시간 자리를 지켜온 서점 '승문당'의 창업주이기도 한 그는, 책과 사람, 지역과 국가를 잇는 상징적 존재다. '겉은 장비, 속은 조조'라는 농담이 따라다니는 인상파 외모의 정치인이다.

그의 정치 성향은 온건 진보성향으로, 강한 이념 투쟁보다는 타

문희상 의장

협·종정·관리형 정치를 중시하는 정무 감각이 매우 뛰어난 정치인이다.

나는 열린우리당 시절, 당의장을 선출하는 선거에서 중앙위원 72인 중 한 사람으로 선출되었고, 같은 시기 당의장에 당선된 문희상 의장 가까이에서 그 정치적 역량과 무게를 체감했다. 외모에서 풍기는 강한 인상과 달리, 그는 매우 섬세하고 상냥한 사람이었다. 말의 결을 살피고, 상대의 입장을 헤아리는 태도는 오랜 정치 내공에서 비롯된 것이었다.

문희상 의장은 의정부를 넘어 대한민국 정치사에서 손꼽히는 거물 정치인이다. 제14대, 16대부터 20대까지 다섯 차례 국회의원을 지냈고, 참여정부 시절 초대 청와대 비서실장을 역임했으며, 국회 후반기 의장을 맡았다. 동교동계 직계이면서 동시에 친노계의 큰형님으로 불렸던 인물, 민주당계 정당에서 당의장과 비대위원장을 여러 차례 맡았던 정치의 중심에 서 있던 사람이었다.

의정부의 정치 무대는 오랫동안 문희상 의장과 연결된 사람들의 무대였다. 국회의원, 시장, 도의원, 시의원에 이르기까지, 수많은 정치인들이 그의 영향력 아래에서 정치를 해왔다. 지금은 정계를 은퇴했지만, 그를 중심으로 형성된 인적 네트워크는 여전히 지역 정치에 적지 않은 영향을 미치고 있다.

나는 그를 존경한다. 그러나 동시에, 지역 정치문화를 바꾸기 위해서는 반드시 그를 넘어야 한다고 생각한다. 존경과 극복은 모순이 아니다. 오히려 진정한 존경은 기존의 질서를 그대로 답습하는 것이 아니라, 그가 만들어놓은 토대 위에서 새로운 길을 여는 데 있다고 믿는다.

정치란 결국 사람이 하는 일이고, 사람을 남기는 일이다.

하지만 세상을 변화시키기 위해서는, 그리고 의정부 정치가 다음 단계로 나아가기 위해서는, 그 거대한 그림자를 넘어서는 용기도 필요하다.

의정부에서 그는 정치적 영향력과 상징성이 있는 정치인이다.

그 분의 영향력과 상징성을 존중하되, 그 상징성에 머물지 않는 것. 그것이 내가 의정부에서 새롭게 정치를 시작하며 스스로에게 던진 과제다.

# 강성종
# 전 국회의원

## 총장을 넘어,
## 길을 함께 고민한 동지

강성종 전 국회의원은 나에게 단순히 재직 대학의 총장이 아니다.

신한대학교의 미래 비전을 함께 고민하며 지혜를 나눈 교육자이자, 정치적으로는 대한민국의 길을 함께 고민했던 동지다.

그를 처음 만난 것은 그가 제17대 국회의원으로 활동하던 시절이었다. 물론 그는 내가 몸담고 있던 신흥대학(현 신한대학교)의 이사장이었지만, 그 이전에는 직접적인 인연이 없었다. 2002년, 내가 노사모 활동과 안티조선 운동에 적극적으로 나서던 시기, 학교 안에서는 적지 않은 우려와 주의의 시선이 따르던 때였다.

강성종 신흥대학 이사장

그러던 2003년, 신흥대학 강성종 이사장이 새천년민주당 후보로 국회의원 보궐선거에 출마했다. 그 출마는 묘하게도 학교 안 분위기를 바꾸어놓았다. 그동안 조심스러웠던 나의 정치적 활동이 더 이상 문제시되지 않았고, 나 역시 숨통이 트인 듯한 기분을 느꼈다. 비록 2003년 보궐선거에는 참여하지 않았지만, 2004년 제18대 총선에서는 연설 지원 등 적극적으로 선거를 도왔다.

다행스럽게도 학교 안에서 정치적 성향을 너무 드러낸다는 이유로 나를 비판하던 목소리는 자연스럽게 사라졌다. 오히려 정치 참여는 나에게 새로운 동력이 되었다. 마침 내가 살던 신곡2동이 강성종 국회의원의 지역구였기에, 당원협의회 활동도 자연스럽게 이어졌다. 그곳에서의 만남은 이사장과 교수의 관계가 아니라, 국회의원과 당원의 관계였다. 그는 언제나 당원들 앞에서 격의 없었고, 열린 자세로 사람을 대했다. 그래서 나 역시 '이사장'이라는 무게를 거의 느끼지 않고 편하게 대할 수 있었다.

그는 권위적인 정치인이 아니었다. 당원들과 가족처럼 어울렸고, 그 시절 함께했던 많은 당원들과의 인연이 지금까지도 이어지고 있을 만큼 관계의 밀도가 깊었다.

무엇보다 그는 말을 정말 잘했다. 아이디어가 끊임없이 쏟아졌고, 회식 자리에서도 음식이 식을 때까지 이야기를 멈추지 않았다. 서로 눈치를 보는 상황이 오면, 나는 그의 말을 끊는 역할을 담당하곤 했다. "이제 좀 식사 좀 드시죠"라며 식사를 권하곤 했는데, 그는 늘 웃으며 그 말을 받아주었다. 그만큼 사람을 편하게 대하는 정치인이었다.

정치 활동을 마친 뒤, 그는 몽골 울란바토르에서 봉사활동을 하다 교통사고를 당했다. 여섯 차례의 죽을 고비를 넘긴 끝에 기적적으로 살아났지만, 그 투병의 시간은 인간으로서 감당하기 어려운 고통의 연속이었다. 의식은 또렷했지만, 물 한 모금도 넘길 수 없는 시간이 1년 넘게 이어졌다. 그 긴 시간을 그는 신앙으로 버텼다고 했다.

회복은 되었으나 아직 많이 불편할 때였다. 그에게서 전화가 왔다. 함께 여행을 가고 싶다는 제안이었다. 여행지는 두바이. 여러 명이 함께 가는 줄 알고 응했는데, 인천공항에서 비서의 말은 뜻밖이었다. "두 분만 가십니다."

아직 완쾌하지 않은 상태였고, 병간호 경험도 없는 나로서는 당황스러웠지만, 그렇게 우리는 둘만의 여행을 떠났다.

3박 4일, 여행의 모든 일정을 함께했다. 하물며 객실도 같은 방이었다. 그와 24시간을 함께했다. 쓰디쓴 약을 먹기 위해서는 반드시 요거트가 필요했지만, 간혹 내 실수로 챙기지 못하는 경우가 발생하곤 했다. 그는 불편함에 대해 화를 내는 경우가 없었다. 절대 술을 마시면 안 된다는 비서의 당부를 어기고 와인을 마신 적도 있었다. 맥주 한잔을 하려고 호프집을 찾아 헤매다, 무슬림 국가에 호프집이 있을 리 없다는 사실을 깨닫고 서로 허탈하게 웃던 기억이 있다.

두바이 여행 기간 이동에 제한이 있던 터라 자연스럽게 대화의 시간이 길어졌다. 강성종 이사장님의 어린 시절 이야기, 강신경 설립자 목사님과 김병옥 총장님 이야기 그리고 무엇보다 병상에 누워 있던 1년의 시간에 대한 심경이 깊이 남았다. 그는 예수의 광야 40일을 떠올렸다고 했다. 성령에 이끌려 광야로 나아가 시험을 받은 예수의 고통을 생각했다고 했다. 자신의 고통 역시 의미 없는 고난이 아니었음을 묵상하며 하루하루를 견뎠다고 했다. 그의 신앙과 낙천성이 그 고통을 통과하게 한 힘이었다.

강성종 총장은 자리에 안주하지 않는 사람이다. 새로운 꿈을 만들고, 아무도 시도하지 않았던 일에 도전한다. 그는 단순히 가업을 잇는 교육자가 아니라, 대한민국의 미래 주인공인 학생들을 중심에 놓고 교육을 고민하는 사람이다.

2025년, 그는 또 하나의 새로운 시도를 시작했다. 한일 국교 정상화 60주년을 맞아 '대마도 평화비전기행'을 기획했다. 약 1,000명의 신입생이 대마도를 직접 방문해 역사 성찰과 문화 교류, 환경 봉사에 참여하는 대규모 글로벌 평화교육 프로그램이다. 학생들이 단순한 참여자가 아니라 기획자이자 실천자로 나서는, 신한대학교다운 교육 실험이다.

"다음 세대가 열어가는 평화의 길."

그의 말처럼, 강성종 총장은 여전히 미래를 향해 걷고 있다.

총장이기 이전에, 신앙인으로서, 교육자로서, 그리고 이 시대를 함께 고민한 동지로서 말이다.

# 이재강 의원

## 비상계엄의 밤, 목숨을 걸고 국회로 달려간 동지

2024년 총선을 6개월 앞둔 어느 날, 노사모와 생활정치 네트워크에서 함께 활동을 하며 지금까지 같은 방향의 일을 해온 함효건 후배로부터 연락이 왔다. 이재강이라는 사람이 내가 살고 있는 의정부을 지역에서 국회의원 출마 준비하고 있다는 이야기였다. 곧 연락이 갈 테니 만나보고 힘이 되어주면 좋겠다는 말이었다. 이름은 낯설었지만, 지역에 새로운 정치인이 도전한다는 소식만으로도 의정부에 변화를 가져올 인물일지 모른다는 기대가 생겼다.

전화를 기다렸지만 연락은 없었고, 그렇게 시간은 흘러갔다.

이재강 의원

의정부을 더불어민주당 후보 경선을 앞둔 어느 날, 다시 함효건에게서 전화가 왔다. 아직 연락이 없었다고 하자, 본인이 직접 다시 연결해보겠다고 했다. 그렇게 해서 이재강 후보의 전화를 받았고, 경선 준비로 분주하던 그의 사무실을 찾게 되었다.

첫 만남에서 그는 반갑게 나를 맞으며 자신이 2002년 노사모 회원이었다고 말했다. 아이디(ID)는 '런던보이'. 그 순간 희미하게 기억이 떠올랐다. 영국에 거주하며 온라인에서 깊이 있는 글을 자주 올리던 회원. 한때 같은 공간에서 함께했던 동지였다. 경선을 목전에 둔 후보였지만 우리는 시간 가는 줄 모르고 많은 이야기를 나눴다. 2012년 귀국 이후 부산에서 세 차례 총선에 도전했지만 모두 낙선했던 이야기, 그중에서도 가장 험지였던 부산 서구에서 포기하지 않고 도전했던 시간들. 그 모습에서 나는 노무현의 향기를 느꼈다. 부산 노사모에 대한 각별한 애정이 있는 나로서는 더할 나위 없이 친근한 인연이었다.

무엇보다 그는 이재명 도지사의 최측근으로 경기도 평화부지사를 지냈던 사람이었다. 그 말 한마디면 충분했다. 한 시대를 함께한 동지를 다시 만났다는 사실만으로도 오랫동안 잠들어 있던 정치적 에너지가 다시 살아나는 느낌이었다.

그렇게 나는 이재강 후보의 선거에 참여했다. 이미 캠프가 안정적으로 꾸려져 있었기에 별도의 직책은 맡지 않았지만, 자원봉사자로 아침저녁 유세와 거리 유세에 빠지지 않고 함께했다. TV 토론을 앞두고는 토론팀에 참여해 전략을 논의하기도 했다. 정치 경험이 워낙 풍부한 분이었기에 내가 큰 도움이 되었을지는 모르지만, 그동안 현장에서 쌓아온 나름의 노하우를 나누려 애썼다.

그렇게 이재강 후보는 제22대 국회의원으로 당선되었다.

그는 나에게 의정부을 지역위원회 부위원장을 맡아달라고 제안했다. 망설임 없이 수락했다. 지역 연고의 뿌리가 상대적으로 약한 지역위원장을 도와 지역에 안착하고, 윤석열 정권과의 싸움에 작은 힘이라도 보태고 싶었기 때문이다. 이후 나는 수석부위원장이자 교육연수위원장으로서 지역위원회 활동에 본격적으로 참여했다.

11월, 더불어민주당 중앙당의 요청으로 우리는 약 20일간 '김건희 특검 촉구 서명운동'을 진행했다. 쉽지 않은 싸움이었다. 아침 7시 30분 장암역과 회룡역 피켓팅으로 하루를 시작해, 금오동 홈플러스 앞에서 밤 7시까지 서명을 받았다. 나는 단 하루도 빠지지 않고 참여했다. 그렇게 20여 일 동안 모은 서명은 1만 800명에 달했다.

서명운동이 끝나자마자 우리는 윤석열 탄핵을 촉구하는 피켓팅과 서울역 민주당 집회에 연이어 참여하고 있었다. 그러던 12월 3일, 지역언론 〈한북신문〉 창립 기념행사를 마치고 신곡1동의 작은 식당에서 늦은 저녁을 먹고 있었다. 윤석열 정권에 대한 이야기가 한창이던 그때, 이재강 의원이 조용히 말했다.

"윤석열이 계엄을 선포했다고 하네요."

우리는 모두 가짜뉴스라며 웃어넘겼다. 그러나 그의 표정은 심각했다. 휴대폰을 확인하니 속보가 연이어 올라오고 있었다. 믿기지 않아 집에 있는 아내에게 전화를 걸어 TV를 켜보라고 했다. 잠시 후 아내는 윤석열이 비상계엄을 선포하는 장면이 계속 나오고 있다고 말했다. 쇠망치로 뒤통수를 맞은 듯한 충격이었다. "미쳤네!"라는 말이 저절로 튀어나왔다.

이재강 의원은 즉시 국회로 가야 한다고 판단했다. 민주당은 이미 윤석열의 비상계엄 위험성을 지속적으로 경고해왔고, 이를 막을 수 있는 유일한 방법이 국회의 비상계엄 해제 결의라는 사실을 모두가 알고 있었다. 마침 언론사 행사에 참석한 직후라 양복 차림이었기에, 우리는 5분 거리인 그의 아파트로 향했다. 불안한 마음에 나는 함께 있던 사람들에게 아파트 출입구마다 한 명씩 서달라고 요청했다. 본능적인 판단이었다. 비상계엄이 발동되면 국회의원 체포가 최우선 목표가 될 수 있다는 생각이 들었기 때문이다. 다행히 아파트는 조용했고, 그는 준비를 마치자마자 인근에 살던 비서관의 차를 타고 국회로 출발했다.

우리 역시 집으로 돌아가 옷을 갈아입고 국회로 향할 준비를 했다. 약간의 술을 마신 상태였기에 운전을 해줄 사람을 찾았고, 여성위원장 윤미숙 씨와 연락이 닿아 함께 출발했다.

집을 나서기 전, 아내와 짧은 대화를 나눴다. 국회로 가야 할 것 같다고 말하자, 아내는 말없이 나를 안아주며 "몸조심해"라고 했다. 그녀 역시 무언가 큰일이 벌어질 수 있음을 직감했을 것이다. 나도 두려웠다. 하지만 TV 앞에 앉아 있을 수는 없었다. 국회가 봉쇄됐다는 속보가 이어졌고, 국회의원이 국회에 들어가지 못하면 모든 것이 끝이라는 생각뿐이었다.

여의도로 다가갈수록 길은 차량으로 가득 찼다. 비상계엄 소식을 듣고 국회 앞으로 모여든 시민들이었다. 도착하니 수많은 시민이 경찰과 실랑이를 벌이고 있었고, 장갑차와 군용 차량, 군인들의 모습이 보였다. 그때 국회에서 비상계엄 해제 결의가 통과되었다는 소식이 전해졌다. 군인들은 시민들과 충돌하지 않으려 조심스럽게 철수하기 시작했고, 시민들 역시 흥분 속에서도 질서를 지키려 애썼다. 내란 세력이 의도적으로 충돌을 유도할 수 있다는 과거의 기억이 떠올라, 나는 주변 시민들을 다독였다. 군인들 또한 침착했다. 깨어 있는 시민과 군인의 모습이었다. 그제야 안도의 숨을 내쉴 수 있었다.

그러나 그것이 끝이라고는 생각하지 않았다. 윤석열은 언제든 두 번째 계엄을 시도할 수 있는 사람이었다. 우리는 새벽 5시까지 그 자리를 지켰다. 그렇게 나는 또 하나의 역사적 현장에 있었다.

목숨을 함께 걸었던 동지들은 평생 잊을 수 없다. 대학 시절의 친구들, 노사모로 맺어진 인연 그리고 20여 년을 함께 걸어온 동지들. 빛의 혁명을 이끌었던 수많은 시민들, 비상계엄이라는 내란 앞에서도 물러서지 않았던 지역위원회 당원들. 윤석열이 파면되는 순간까지, 이재명 후보의 당선을 위해 모든 것을 바쳤던 사람들 그리고 마침내 내란을 극복하고 국민주권정부를 세운 이 땅의 국민들.

그 모두가, 무엇보다도 소중하다.

현장에서 도망치지 않았고, 패배 속에서도 방향을 잃지 않았으며, 결정적인 순간에는 행동으로 증명했다.

이재강은 그런 사람들과 함께 걸어온 정치인이다.

# 박지혜
# 의원

## 의정부의 새로운 희망,
## 준비된 젊은 정치인

박지혜 의원은 의정부에 새로운 희망으로 다가온 젊은 정치인이다. 의정부 시민으로서, 더불어민주당 당원으로서 자랑스러운 우리 당의 국회의원이며, 같은 의정부라는 단일 생활권에서 당원으로 함께 호흡하고 싶은 정치인이다. 무엇보다 그의 전문성은 의정부의 미래를 새롭게 고민하게 만드는 중요한 밑거름이 될 것이라 생각한다.

그는 의정부갑 지역구에서 문희상 전 국회의장의 아들인 문석균 김대중재단 의정부시 지회장과의 치열한 경선을 거쳐 후보로 선

박지혜 의원

출되었고, 제22대 국회의원 선거에서 당선되었다. 더불어민주당 영입인재 1호이자 기후환경 분야 전문가라는 이력은 알고 있었지만, 개인적인 친분은 없었다. 총선 당시 나는 의정부을 지역에서 이재강 후보를 지원하고 있었기에 적극적으로 돕기에는 여건이 쉽지 않았고, 다만 의정부갑 지역의 지인들에게 후보를 소개하며 조심스럽게 지원하는 정도에 그쳤다.

의정부갑을 합동 당원교육이 있던 2024년 가을, 정청래 국회의원이 강연자로 참석했다. 오랜 동지이자 친구인 정청래 의원이 박지혜 의원에 대해 "내가 멘토가 되고 싶을 만큼 아끼는 후배 정치인"이라고 말했던 기억이 인상 깊다. 더 나아가 자신이 받은 첫 국회의원 배지를 박지혜 의원에게 양보했을 정도로 각별히 여기는 후배라고 소개했다. 정청래 국회의원이 대중 앞에서 누군가를 칭찬하는 경우는 매우 드물다. 그런 그가 박지혜 의원을 평가했다는 데 박지혜라는 정치인이 어떤 사람인지 짐작할 수 있었다. 그 후 박지혜 의원의 의정 활동을 보며 결코 빈말이 아님을 확인했다.

박지혜 의원과 깊은 대화를 나눌 기회는 많지 않았다. 주로 지역 행사 등을 계기로 여러 사람이 함께한 자리에서 몇 차례 마주쳤을 뿐이다. 그러나 짧은 만남만으로도 그는 상당한 전문성을 갖춘 정치인이라는 인상을 주었다. 특히 기후·환경 분야에서는 독보적이라 할 만했고, 그 전문성에 비해 태도는 놀라울 정도로 겸손했다.

초선 의원인데도 중앙당에서 사무부총장, 당대변인이라는 중책을 맡아 활동하는 저력을 보여주고 있으며, 지역에서는 직접 발로 뛰며 시민들을 만나는 모습이 인상적이다.

의정부에 좋은 정치인이 등장했다는 생각이 든다. 앞으로 그가 만들어갈 정치의 궤적이, 의정부의 미래와 함께 깊이 겹쳐지기를 기대한다.

# 안병용
# 전 의정부시장

## 탁월한 행정가
## 그러나 넘지 못한 정치의 경계

탁월한 행정 능력은 행정가에게 가장 중요한 덕목이다. 우리가 그 대표적 사례로 떠올리는 인물은 이재명 전 성남시장이다. 그의 행정 능력은 경기도지사로 확장되었고, 더불어민주당의 국회의원과 당대표를 거쳐 마침내 대한민국 대통령으로까지 이어졌다. 또 한 사람, 서울 성동구의 정원오 구청장 역시 이재명 이후의 행정형 정치인으로 성장하며, 서울시장 후보군으로 자신의 급을 높여가고 있다. 개인적으로도 참 좋아하는 사람이다.

그런 의미에서 안병용 전 의정부시장 역시 탁월한 행정가였음

안병용 전 의정부시장

은 분명하다. 3선을 한다는 것은 결코 쉬운 일이 아니다. 긴 재임 기간 동안 누구나 공과를 함께 남기기 마련이다. 누군가는 공을 높이 평가할 것이고, 누군가는 과를 더 크게 말할 것이다. 그럼에도 그는 의정부 시민의 선택을 세 차례나 받은 시장이었다.

안병용 시장은 1990년부터 2010년까지 신흥대학(현 신한대학교) 행정학과 교수로 재직했다. 나보다 2년 먼저 학교에 온 선배 교수였고, 당시 학교 규모가 작아 학과를 넘어 교수들 간 교류가 잦았다. 나는 학교 내 정보산업연구소 연구원으로, 그는 소장으로 함께 일한 시간이 있다. 교수 시절 우리는 바둑을 두기도 했고, 여러 워크숍을 함께 다녔다. 말투는 세련됐고, 예의 바른 태도로 후배 교수들을 대하던 인물이었다.

2002년 나는 노사모 활동을 통해 정치에 깊숙이 발을 들였지만, 안병용 교수는 직접적인 정치활동보다는 행정학자로서 지역 정치인들과 폭넓게 교류하던 사람이었다.

그는 2010년 제5회 전국동시지방선거에서 민주당 후보로 의정부시장에 출마해 당선됐다. 경쟁 후보들이 강했는데도 보수 표 분산이라는 정치적 환경까지 더해지며 승리를 거두었다. 이후 뛰어난 시정 운영으로 3선에 성공하며 명실상부한 행정가이자 정치인으로 자리 잡았다.

재임 기간 동안 미군기지 반환사업 추진, 반환 부지에 을지대학교병원 유치, 금오동 경기북부지방경찰청 유치, 경전철의 수도권 통합요금제, 부대찌개 거리의 브랜드화, 민락2지구·고산지구 개발 등은 주요 성과로 평가받는다. 반면 관내 운송업체의 불법 감차 문제를 방치했다는 비판, 터미널 이전 실패, 오영환 국회의원과의 갈등 등은 분명한 비판 지점으로 남아 있다.

제21대 총선 국면에서 문희상 전 국회의장의 아들 문석균 씨가 의정부갑 출마를 준비하고 있었다. 중앙당은 소방관 출신 정치 신인 오영환 후보를 전략 공천했다. 이 과정에서 이른바 '아빠 찬스' 논란이 전국적 이슈로 번졌고, 중앙당 결정에 반발한 문석균 씨가 무소속 출마를 강행했다. 안병용 시장은 그의 출마 기자회견에 참석하며 민주당 지지자들과 충돌했고, 결국 오영환 후보를 향해 "보따리 싸서 당장 꺼져라!"라는 거친 발언까지 내뱉었다. 결과적으로 여론조사에서 앞서던 오영환 후보가 당선되면서 불편한 동거는 이어질 수밖에 없었다.

안병용 전 시장은 분명 유능한 행정가이다. 그러나 행정의 유능함이 정치의 정당성과 신뢰로 이어지지 못할 때, 그 성과는 쉽게 논란으로 덮인다. 그의 3선 시정은 의정부 발전의 중요한 한 축이었지만, 동시에 지역 정치가 넘어야 할 한계 또한 분명히 보여주었다.

# 표덕준 선배

## 앞에 서지 않아도 공동체를 지탱하는 힘

표덕준 선배는 2002년 의정부 노사모 활동을 하며 만났다. 정확히 말하자면 당시 유시민 작가가 제안했던 개혁국민정당(개혁당) 활동을 함께하며 만난 인연이라고 하는 편이 옳을 것이다.

2002년 가을, 우리는 '노사모'라는 이름으로는 선거운동에 참여할 수 없었다. 선거법 위반이었기 때문이다. 대신 새천년민주당 노무현 대통령 후보 선거대책위원회 산하 국민참여본부 소속 자원봉사자, 이른바 '100만 서포터즈'로 활동했다. 당시 우리는 새천년민주당 당원도 아니었고, 후단협 사태 등으로 당에 대한 반감도 적

표덕준(왼쪽에서 3번째)

지 않았다. 그런 와중에 막 창당된 개혁국민정당의 일원으로도 함께 움직였다.

표덕준 선배는 맨 앞에 나서 이끄는 스타일의 선배는 아니었다. 대신 후배들의 활동을 묵묵히 지켜보고, 필요할 때 방향을 짚어주며 조용히 중심을 잡아주는 사람이었다. 노사모는 각자가 강한 문제의식과 자기주장을 가진 백가쟁명의 공동체였다. 의견이 다르다는 이유만으로 감정적 충돌이 잦았고, 그로 인한 갈등은 일상이었다. 그럴 때마다 표덕준 선배는 감정을 자극하지 않는 묵직한 말로 상황을 정리하고 조율해주었다.

의정부 노사모 대표일꾼이었던 나에게 회원 간의 의견 대립은 가장 풀기 어려운 숙제였다. 노무현 후보와 정몽준 후보 간 지지율이 박빙이던 시기, 내부의 분열은 무엇보다 경계해야 할 상황이었다. 나는 조율자로서 양쪽을 다독이려 애썼지만, 모두를 만족시키는 일은 늘 어려웠다. 한쪽의 손을 들어주는 순간, 곧바로 공격의 대상이 되기도 했다. 돌이켜보면 나 역시 언제나 합리적이기만 했던 것은 아니었다. 그럴 때마다 모임의 가장 선배로서 한발 물러서서 중심을 잡아주던 사람이 바로 표덕준 선배였다.

그의 말 한마디는 의정부 노사모를 지탱하는 버팀목이었다. 그 덕분에 의정부 노사모는 굽이치며 흐르는 강처럼 크고 작은 굴곡을 겪으면서도 끝내 무너지지 않았고, 모범적인 노사모로 성장해 노무현 후보 당선이라는 역사적 결과에 작게나마 기여할 수 있었다.

어떤 공동체든 리더에게는 믿고 의지할 수 있는 멘토가 반드시 필요하다. 이재명 대통령에게도 수많은 멘토들이 있을 것이다. 그래서 든든하다. 표덕준 선배는 늘 내 옆에 있었다. 앞에 서지는 않았지만, 가장 어려운 순간에 곁에서 힘이 되어주는 사람이었다.

표덕준 선배는 내 평생의 멘토다. 과거에도, 지금도 그리고 앞으로도 그렇다. 23년이 지난 지금까지도 여전히 조언을 아끼지 않는 선배다. 현재 그는 의정부 신우신협 이사장으로서 지역 경제와 조합원들을 위해 묵묵히 헌신하고 있다. 앞에 서지 않아도 공동체를 움직일 수 있다는 사실을, 그는 자신의 삶으로 보여주고 있다.

# 김영준

ID: 김게바라

## 가슴이 시키는 대로 살아온 자유로운 영혼

세상에는 열정이 넘치는 사람들이 있다. 그러나 개인의 이익이 아니라 올바른 세상에 대한 열망으로, 어디든 달려가 응원하고 지지를 보내는 사람은 흔치 않다. 내가 아는 사람 중 그 으뜸은 단연 김영준 선배다. 그는 평생을 '가슴이 시키는 대로' 살아온 보헤미안 같은 사람이다.

김영준 선배는 의양동(의정부·양주·동두천) 노사모 첫 모임에 유일하게 참석한 사람이었다. 당시 나는 약 50여 명의 회원들에게 전화를 돌리며 첫 오프라인 모임을 준비했다. 지금과 달리 그 시절 오

김게바라 김영준

프모임은 꽤나 어색한 일이었고, 전화를 거는 나 역시 쉽지 않았다. 결국 그 첫 모임에는 나와 아내, 혹시라도 너무 썰렁할까 봐 머릿수 하나 보태겠다며 나온 같은 성당의 자매님, 중앙사무국에서 내려온 박시영 사무국장 그리고 전화를 받고 흔쾌히 참석해준 김영준 선배가 전부였다.

그의 노사모 아이디는 '김게바라'다. 본래는 '체게바라'를 쓰고 싶었지만 이미 사용 중인 아이디(ID)라 어쩔 수 없이 그렇게 정했다고 했다. 당시 그는 서울지하철공사에 근무하며 노조활동도 활발히 하고 있었다. 말에는 거침이 없었고, 생각은 분명했다. 그렇게 우리의 인연은 시작됐다. 의양동 노사모에서 그는 가장 열정적인 사람이었고, 우리 모임의 큰 힘이었다. 당시 그는 40대 초반이었지만, 그때의 나에게는 꽤 연장자처럼 느껴졌다. 그럼에도 거침없는 입담과 넘치는 에너지는 우리 모두에게 강한 동기부여가 되었다.

노사모 활동과 안티조선 활동에서 그의 열정은 타의 추종을 불허했다. 그는 스스로 "역사의 현장에는 언제나 내가 있었다"라고 말하곤 했다. 과장이 아니었다.

그렇게 우리는 23년의 시간을 가족처럼 이어오고 있다. 때로는 정치적 소신의 차이로 격렬한 토론을 벌이기도 했고, 감정적으로 부딪친 적도 있었다. 하지만 다시 만나면 언제 그랬냐는 듯 반가운 사이가 된다. 참으로 계산 없는 관계다.

노사모 이후에도 우리는 여러 지점에서 정치적 견해 차이로 갈라지곤 했다. 2006년 지방선거가 대표적이다. 당시 중앙위원이었던 나는 경기도당 공천심사위원으로 활동하고 있었고, 의정부 지역에서는 박영하 후보와 김경호 후보가 경쟁을 하고 있었다. 김영준 선배는 김경호 후보를 지지하고 있었다. 공천심사위원장은 김부겸 의원이었다. 그는 공천심사위원이 자기 지역 공천에 관여하는 것을 철저히 금지했다.

정치경험이 미천했던 나는 처음에는 그 이유를 이해하지 못했지만, 심사를 마칠 즈음 그 이유를 알게 됐다. 공천은 누구도 이해

관계에서 자유로울 수 없는 영역이었고, 그 개입 가능성 자체를 차단하기 위한 원칙이었다. 나는 의정부 시장 공천과 관련해 어떤 결정에도 참여하지 않았다.

그럼에도 결과에 민감할 수밖에 없었던 후보자와 지지자들은 의정부 시장후보 결정에 내가 큰 역할을 했을 것이라 의심했다. 김영준 선배는 열린우리당 당원 게시판에 나를 비판하는 글을 올렸다. 나는 그에 대해 해명할 수 없었다. 한 줄의 댓글조차 공심위 내부 정보 유출로 오해받을 수 있었기 때문이다. 그때 나는 한동안 '나쁜 놈'이 되어 있었다. 몇 달 뒤 술자리에서 그 서운함을 솔직히 털어놓았고, 그는 "그랬던 거야? 미안했네, 소운"라는 말로 모든 것을 정리했다. 큰 상처가 될 수도 있었던 일이 그렇게 한마디로 풀어졌다. 그가 김영준이었기 때문이다.

2007년 대선에서 나는 정동영 후보를, 그는 문국현 후보를 지지했다. TV 토론이 열릴 때마다 방송국 앞은 또 하나의 유세장이었다. 서로 다른 진영에서 목소리를 높이다가, 문국현 지지자들 틈에서 김영준 선배를 발견했다. 우리는 서로 멋쩍은 웃음을 지었다. 선택은 달랐지만 존중은 남아 있었다. 이후 문국현 후보는 정치판에서 사라졌고, 그것은 종종 내가 선배를 놀리는 농담거리가 되기도 했다.

우리는 함께 갈 때도, 갈라설 때도 있었다. 때로는 오랜 시간 연락조차 끊긴 적도 있다. 그러나 우리는 안다. 그 모든 선택과 충돌이 각자의 방식으로 대의를 향한 것이었음을.

은퇴 후 그는 지금 정선에 머물고 있다. 그러나 삶의 속도는 조금도 느려지지 않았다. 그곳에서도 여전히 지역의 진보적인 사람들과 함께 새로운 미래를 만들어가고 있다. 그는 여전히 지치지 않는다.

김영준 선배는 순수하고 열정 넘치는 자유로운 영혼이다. 그리고 그런 사람은, 시대가 바뀌어도 늘 소수이기에 더욱 소중하다.

그런 사람이 한 시대를 버텨냈다는 것, 그 자체가 이미 하나의 이야기이며, 하나의 역사다.

# 정상철

ID: 밤배

## 침묵 대신
## 책임을 선택한 사무국장

의정부 노사모 활동은 즐거웠던 일도 많았지만 때론 의견차로 조직이 위기에 처할 때가 많았다. 밤배 정상철은 그때 모든 불편한 일을 도맡아 해준 후배다. 당시 대표였던 내가 나섬으로 더 큰 갈등으로 번질 수 있으니, 본인이 직접 총대를 매고 문제를 정면 돌파해나갔던 친구다.

의양동(의정부·양주·동두천) 노사모를 막 시작하던 시절, 그는 흔쾌히 사무국장을 맡아 나와 함께 조직을 만들어갔던 후배였다. 자기주장이 강했지만, 모임을 위해서는 언제든 융통성을 발휘할 줄

밤배 정상철

알던 사람이었다. 그가 없었다면 당시 내가 맡았던 역할 역시 훨씬 더 버거웠을 것이다. 그는 매우 직설적이다. 그의 한마디에 정신이 번쩍 든 적이 한두 번이 아니다.

그와의 첫 만남은 2002년 새천년민주당 국민참여경선이 한창이던 춘천경선 날이었다. 당시 그는 의정부 노사모 오프모임에는 아직 한 번도 참석하지 않은 상태였다. PC방을 운영하던 그는 저녁 시간을 내기가 쉽지 않아 전화로만 몇 차례 연락을 주고받던 사이였다.

춘천경선 전날 밤, 전국의 노사모 회원들이 춘천에 모였다. 나 역시 아내와 세 살이던 채원이와 함께 그 자리에 있었다. 광주경선에서 승기를 잡은 노무현 후보를 둘러싼 분위기는 이미 뜨거웠다. 그 무렵, 경선에서 밀리기 시작한 이인제 후보 측이 경선을 흔들기 위해 춘천 경선장을 어지럽힐 수 있다는 소문이 돌았다. 시내 곳곳에 노무현 후보를 비방하는 벽보가 붙어 있다는 이야기도 들려왔다. 과거 '용팔이 사건'을 기억하고 있던 터라, 깡패 동원 같은 일까지 떠올리며 아이들과 함께 온 우리는 적잖이 걱정을 했다.

하지만 막상 경선 당일, 그런 우려는 기우에 가까웠다. 아니, 어쩌면 노사모 회원들의 압도적인 열기 앞에서 누구도 감히 끼어들지 못했는지도 모른다. 광주경선 때보다 몇 배는 더 많은 노사모 회원들이 모였고, 우리는 온 힘을 다해 노무현 후보를 응원했다.

그날 노무현 후보 전속사진작가가 노란 두건을 쓴 채원이의 모습을 찍었고, 그 사진은 이후 노무현 대통령 후보 홈페이지 '노하우'의 배너로 실렸다. 말 그대로 가슴이 벅차오르는 순간이었다. 흔히 말하는 '제대로 뽕을 맞은' 날이었다.

춘천경선 승리 후, 우리는 근처 식당에 모여 서로를 축하하며 저녁을 함께했다. 그 자리에는 노무현 후보가 직접 찾아와 악수와 포옹을 나누기도 했다. 사진으로 남기지 못한 것이 지금까지도 아쉬움으로 남는다.

식당에서 늦은 저녁 식사를 하기 직전 정상철에게서 전화가 왔다. 반가운 마음에 전화를 받았더니, 그 역시 춘천경선에 와 있었다고 했다. 알고 보니 같은 식당, 같은 테이블 맞은 편에 앉아 있던 사람이었다. 통화를 몇 번 했지만 얼굴을 본적이 없으니 같은 테이블에 앉아서도 서로를 알아보지 못했던 것이다. 서로를 알아보고 멋쩍게 웃으며 술잔을 기울였다.

그날의 만남 이후 그는 의정부 노사모 사무국장을 흔쾌히 맡았고, 자신의 모든 것을 쏟아부었다. 솔직히 말하면, 의정부 노사모는 그가 이끌었다고 해도 과언이 아니다.

의정부 노사모는 모두가 함께 만들어간 조직이었지만, 모든 의견을 조화롭게 담아내는 일은 늘 쉽지 않았다. 때로는 나의 결정에 대해 격한 불만이 터져 나오거나, 모임 분위기가 흔들리는 상황도 잦았다. 그럴 때마다 그는 대표인 내가 직접 나서지 않도록 앞에 섰다. 본인이 욕을 먹고, 싫은 소리를 모두 떠안았다.

지금 생각해도 미안하고 고마운 일이다. 리더로서 무언가를 도모할 때, 이렇게 온몸을 던져 함께 뛰어줄 동지가 단 한 명이라도 있다면 못할 일은 없다고 믿는다.

그는 개인적인 욕심이 전혀 없는 사람이었다. 후배였고, 때로는 가장 날카로운 말을 던지던 사람이었지만, 그가 보여준 헌신은 나에게도 깊은 가르침으로 남아 있다.

이후 그는 여러 부침을 겪었지만, 지금은 잘나가는 중소기업의 대표로 자리 잡았다. 평생 변함없이 세상을 비판적으로 바라보고, 집중해야 할 지점에 힘을 모을 줄 알던 사람이기에 지금의 모습은 어쩌면 당연한 결과일 것이다.

그의 앞날에 진심으로 건승을 기원한다.

# 이상훈

ID: 톱니

## 고립을 견디고
## 신뢰로 증명한 사람

이상훈은 의양동 노사모에서 만난 후배다. 양주에 살고 있으며, 일처리는 언제나 깔끔했다. 옳고 그름에 대한 판단이 분명했고, 결정이 서면 미루지 않고 실행하는 사람이었다. 누구든 함께 일해보면 신뢰하게 되는 유형이었다.

하지만 노사모 시절, 그의 옳고 그름에 대한 분명한 태도에 불만을 가진 사람들이 확인되지 않은 이야기, 요즈음 말로 가짜뉴스를 만들어 사실처럼 퍼트렸다. 경기북부 노사모 대표였던 나는 사실이 아닌 말들에 직접 맞섰다. 그 과정에서 나 역시 같은 비난을

톱니 이상훈

받기도 했다. 사실에 근거해 말하자는 태도로 상대방과 불편한 관계가 되었지만, 지금도 그때의 선택을 후회한 적은 없다.

시간이 흐르면서 이상훈에 대한 평가는 달라졌다. 지금 그는 양주를 넘어 의정부, 동두천, 포천까지 폭넓은 인적 네트워크를 갖고 있다. 그동안 얼마나 많은 노력을 해왔는지는 굳이 설명하지 않아도 주변의 신뢰가 말해준다. 양주 지역구 국회의원인 정성호 의원 역시 그를 신뢰하고 있다. 말만 앞서는 정치판에서 말보다 실행으로 증명해온 사람에게 자연스럽게 모이는 신뢰다.

그의 지난 20여 년 역시 순탄하지만은 않았다. 경기도의원 선거에 출마했지만 수백 표 차이로 낙선했고, 운영하던 사업도 납품업체 부도 등으로 큰 어려움을 겪었다. 결국 모든 것을 정리하고 다시 시작해야 했다. 화불단행(禍不單行)이라는 말이 실감나는 시기였다.

그럼에도 그는 정책과 정무에 대한 감각을 잃지 않았다. 선거 때마다 그를 찾는 사람들이 있었고, 정성호 의원의 선거에서도 큰 역할을 했다. 양주시 정책실장으로 시정을 경험하기도 했다.

그런 그와의 인연은 지금도 나에게는 감사한 일이다. 내가 생활정치에서 이제 현실정치로 뛰어들 결심을 하는 데 많은 정치적 조언을 아끼지 않고 있다. 나의 결심에 가장 큰 조언자다. 그의 경험을 나의 경험으로 만들어주었다.

지금은 '원프로'라는 선거기획사를 운영하며 선거 기획, 디자인, 컨설팅을 맡고 있다. 국회의원선거와 지방선거는 물론 전국동시조합장 선거까지, 특히 조합장 선거 분야에서는 독보적인 성과를 내고 있다.

그에게 맞는 자리 그리고 그가 가장 잘할 수 있는 일이 무엇인지에 대한 답은 이미 과정 속에서 드러나 있었다.

이상훈의 건승을 진심으로 기원한다.

에필로그

# 의정부의 길을 열다

이제 나는 의정부에서 다시 인연의 씨앗을 뿌리려 한다.

지난 시간 동안 수많은 만남 속에서 배운 지혜와 경험 그리고 공동체의 감각을 이곳 의정부에 조심스럽게 내려놓고 싶다.

과거의 인연들이 나를 '사람 사는 세상'으로 이끌었다면, 이제는 의정부에서 만나는 사람들과 함께 '함께 잘 사는 세상'을 어떻게 만들어갈 것인가를 고민하는 단계에 와 있다.

정치는 언제나 사람이 먼저였다. 사람을 만나고, 이야기를 나누고, 때로는 부딪히며 신뢰를 쌓는 과정이 결국 길을 만들었다.

의정부에서도 다르지 않을 것이다. 새로운 만남 속에서 배우고, 익숙한 인연 속에서 다시 확인하며, 작은 실천을 통해 다음 걸음을 내딛게 될 것이다.

이야기는 여기서 끝나지 않는다. 의정부에서 시작될 또 다른 만남과 배움 그리고 도전은 여전히 진행 중이다.

그렇게 나는 오늘도 인연의 다음 장을 써 내려가고 있다.

이 길 위에서, 언젠가 당신과도 같은 방향을 바라보며 걷게 되기를 조심스럽게 기대해본다.

대통령 노무현
민주주의 최후의 보루는
깨어있는 시민의 조직된 힘입니다.
노무현 대통령 어록에서

## 심화섭, 사람과 길

노사모에서 시작된 시민정치의 여정, 그 진솔한 **심화섭의 기록**

초판 1쇄 발행 2026년 2월 5일

**지은이** 심화섭
**펴낸이** 김현종
**기획총괄** 배소라 **출판본부장** 안형태
**책임편집** 박유진 **편집** 최세정 진용주 김수진 장진경
**디자인** 노멀 **마케팅** 김예리 신잉걸
**방송사업·미래전략본부** 정태준 문상철 이주리 백범선 남궁주철 김대준

**펴낸곳** (주)메디치미디어
**출판등록** 2008년 8월 20일 제300-2008-76호
**주소** 서울특별시 중구 중림로7길 4
**전화** 02-735-3308 **팩스** 02-735-3309
**이메일** medici@medicimedia.co.kr **홈페이지** medicimedia.co.kr
**페이스북** medicimedia **인스타그램** medicimedia
**유튜브** medici_media


ISBN 979-11-5706-529-5 (03340)